Muttersprache plus
7 Arbeitsheft
für Lernende mit erhöhtem Förderbedarf

Lösungen

Seite 5

2 1. Abschnitt: Die Wichtigkeit der Bienen
2. Abschnitt: Das Sterben der Bienen
3. Abschnitt: Die Rettung der Bienen

3

	richtig	falsch
Die Bienen bestäuben die Obstbäume.	x	
Ohne Bienen fällt die Ernte geringer aus.	x	
Der Mensch hat keinen Einfluss auf das Bienensterben.		x

5 **1** Es geht um die Winterverluste von Bienenvölkern (in den Jahren 2019 und 2020). Alternativ: Es geht (im Diagramm) um die Anzahl verstorbener Bienenvölker im Winter (in den Jahren 2019 und 2020).
2 Die meisten Bienenvölker hat Mecklenburg-Vorpommern verloren.
3 Die wenigsten Bienenvölker hat Sachsen-Anhalt verloren.

Seite 6

1 Zu Beginn solltest du den Startpunkt und das Ziel nennen.
Wenn du zum Beispiel Straßennamen und Richtungen angibst, kann man sich gut orientieren.
Die Angabe von Orientierungspunkten wie zum Beispiel auffälligen Gebäuden ist hilfreich.
Achte darauf, in der richtigen Reihenfolge zu beschreiben.

2

b Hinweis: Wörter für Richtungen sind unterstrichen. Wörter für Entfernungen sind markiert. Wörter für Orientierungspunkte sind eingerahmt.
Gehe vom Hauptbahnhof ungefähr 1 km (einen Kilometer) geradeaus in Richtung Innenstadt/Einkaufszentrum. Danach überquere die Luisenstraße und laufe zum Denkmal. Dort biegst du links ab in Richtung Freibad. Anschließend folge noch wenige hundert Meter der Richterstraße bis zum Schild „Skaterpark".
An der Ampel biege rechts ab.

3 Lösungsvorschlag für ein mögliches Telefongespräch, andere Gesprächsverläufe sind denkbar:

Anrufer: Guten Tag, mein Name ist …! Ich möchte gern … mit meinen Freunden den Skaterpark besuchen.
Antwort: Guten Tag, mein Name ist Herr/Frau…! Das ist eine gute Idee! Wann möchtet ihr denn kommen?
Anrufer: Das wissen wir noch nicht ganz genau.
Antwort: Kein Problem, dann sage ich einfach alle Öffnungszeiten an.
Anrufer: Einen Moment bitte, dann ich hole mir einen Stift zum Mitschreiben.
Antwort: Ja, ich warte.
Anrufer: Ich bin wieder da, es kann losgehen!
Antwort: In Ordnung. Der Skaterpark hat am Montag und Donnerstag geschlossen. Ansonsten haben wir täglich von 10 bis 13 Uhr und von 14 bis 18 Uhr geöffnet.
Anrufer: Vielen Dank für diese Auskunft, wir kommen in der nächsten Woche vorbei!
Antwort: Ja, sehr gern. Wir freuen uns auf euren Besuch. Auf Wiederhören!
Anrufer: Bis bald!

Seite 8

2

b Lösung von oben nach unten:
Absender, Empfänger, Datum, Betreff, Anrede, Brieftext, Grußformel, Unterschrift

3 Wir freuen uns sehr über Ihre schnelle Antwort.
Ich bedanke mich für Ihren letzten Brief.
Wir kommen gern auf Ihr Angebot zurück.

Seite 9

1 Mögliche Lösung:
- Gespräche mit der Familie, Freunden und Bekannten, in denen Informationen, Ansichten/Meinungen, Erfahrungen und Ideen ausgetauscht werden
- Informationen und Werbung aus dem Fernsehen, Radio oder aus Podcasts
- Informationen und Werbung aus dem Internet
- Informationen und Werbung aus Zeitungen
- Darstellung auf Werbetafeln, zum Beispiel in Bus und Straßenbahn

2

b Mögliche Lösung:
Dilay, Leo und Paul sprechen über Strom, der zum Beispiel aus Windenergie erzeugt werden kann. Auch die Schule könnte einen Beitrag zum Umweltschutz leisten und Strom aus Sonnenenergie beziehen.

Seite 10

3 1 → C / 2 → A / 3 → B

4 Mögliche Lösungen:
Ich denke, dass der Umweltschutz ein sehr wichtiges Thema ist / zu wenig beachtet wird / nicht alle Menschen interessiert.
Ich finde, dass wir in der Schule für die Umwelt noch viel mehr tun können / zu wenig über unseren Beitrag zum Umweltschutz sprechen / schon viel geschafft haben / ein gutes Beispiel sind.
Ich bin der Meinung, dass mein Verhalten die Umwelt nicht so sehr beeinflusst / sehr stark beeinflusst / auch nicht retten kann / einen viel zu geringen Einfluss insgesamt hat.

5

c Lösungsvorschläge (weitere alternative Begründungen zur Meinungsäußerung sind denkbar):
Thema 1: Arbeit im Schulgarten macht Spaß / eine Arbeitsgemeinschaft könnte gegründet werden / es gibt keine langen Transportwege / macht nur Arbeit / darauf haben Schülerinnen und Schüler keine Lust / schmeckt gar nicht gut / der Schulgarten ist zu klein / es gibt wichtigere Dinge in der Schule zu lernen
Thema 2: Bio-Fleisch ist viel zu teuer / nicht alle können sich das leisten / die Tiere verdienen ein besseres Leben / ist das Fleisch teurer, würden wir alle weniger davon essen / es schont die Umwelt / ist auch gesünder für uns
Thema 3: später müssen wir auch am Laptop und Computer arbeiten / an anderen Schulen gibt es gute Erfahrungen / die Schülerinnen und Schüler haben darauf Lust / die Geräte können kaputtgehen / wer kümmert sich darum, wenn etwas nicht funktioniert / wir verlernen dann die Handschrift / Strom für die Laptops muss auch produziert werden (nicht nur Papier) / man kann es sich besser merken, wenn man es selbst aufgeschrieben hat

Seite 11

1

b Die Tierschutzorganisation Peta und der Tierschutzbund machen immer wieder auf das Problem des Angelns als Sport aufmerksam. Grund dafür ist, dass es nach Paragraf 17 des Tierschutzgesetzes verboten ist, Fische ohne vernünftigen Grund zu töten oder ihnen Schmerzen zuzufügen.
Immer wieder werden aber Angelwettbewerbe organisiert. Bei den Wettbewerben geht es darum, den größten und schwersten Fisch an Land zu ziehen. Die Fische werden gefangen, gewogen, fotografiert und wieder ins Wasser gesetzt.
Dabei werden den Fischen Schmerzen zugefügt und sie werden verletzt.
Außerdem werden oft Angelhaken und Angelschnüre am Ufer des Sees zurückgelassen, die dann eine Gefahr für andere Tiere darstellen.

❷

b

Satz	+ oder –
1 Angler verbringen viel Zeit in der Natur.	+
2 Beim Angeln wird ausgenutzt, dass Fische auf Nahrungssuche sind.	–
3 Die Fische erleiden Schmerzen und werden verletzt.	–
4 Angelvereine säubern die Ufer und schaffen Brutplätze für bedrohte Fischarten.	+
5 Angeln kann eine entspannte Freizeitbeschäftigung sein.	+

Seite 12

❶

b ☒ Eingabe von Nomen/Substantiven oder Wortgruppen

❷

a Mögliche Lösung:
Ostsee-Lebensraum, Ostsee-Pflanzen, Ostsee-Tiere, Ostsee-Temperatur, Ostsee-Länder, Ostsee-Urlaub, Ostsee-Inseln, Ostsee-Schifffahrt, Ostsee-Naturschutz, Ostsee-Schätze, Ostsee-Wracks, Ostsee-Umweltverschmutzung

❷

c Mögliche Lösung:
1 Es können auch automatisch abgewandelte Begriffe von der Suchmaschine vorgeschlagen werden, die zu ganz anderen Ergebnissen führen. /
Es wird gar nichts angezeigt. / Es werden sehr viele Vorschläge angezeigt.
2 mehr oder weniger Werbung / Angebote für Kinder oder Angebote für Erwachsene / Angebote in anderen Sprachen
3 ähnliche Suchergebnisse / ganz andere Webseiten werden bei den einzelnen Suchmaschinen angezeigt / alle enthalten Werbung oder keine Werbung

Seite 13

❸

a Naturparadies, Natur, Kultur, Ruhe

b Auto und Flugzeug

c Mögliche Lösung:
Masuren – märchenhafte Wasserwelt / Masurische Seenplatte – inmitten der Ruhe

Seite 14

5

a ☒ Die Masowier lebten früher in Polen.
☒ Angrenzende Länder sind Russland und Litauen.
☒ Die Masuren stehen für Ruhe und Entspannung.

b Die Masuren liegen im Nordosten von Polen.
Der Name Masuren stammt vom Volk der Masowier, die vor langer Zeit in Polen lebten.
In Ermland-Masuren leben rund 1,5 Millionen Menschen.

c Mögliche Lösung:
Urlaub in Masuren ist spannend, da es eine tolle Tier- und Pflanzenwelt gibt. / Urlaub in Masuren verspricht Abenteuer in der Natur. / Urlaub in Masuren hat eine viel zu lange Anreise. / Urlaub in Masuren ist langweilig, weil es nur Ruhe und Entspannung gibt.

Seite 15

6

b 2 die Seeadler
3 die Fischadler
4 die Wölfe
5 die Elche

c gelb blühende Rapsfelder
Straßenränder mit rotem Klatschmohn
strahlend blauer Himmel

Seite 16

7

a Auswahl geschichtliche Besonderheiten:

- Nikolaiken hat den Zweiten Weltkrieg unbeschadet überstanden.
- Die evangelische Kirche von 1842 ist sehenswert.
- Es gibt einen malerischen Rathausplatz mit Kaufmannshäusern.
- Der jüdische Friedhof hat eine lange Geschichte.
- Am nahe gelegenen Lucknainer See nisten 1800 Schwanenpaare.
- Olsztyn (deutsch: Allenstein) wurde Mitte des 14. Jahrhunderts gegründet.
- Es leben 170 000 Einwohner in Allenstein.
- Von Weitem ist die Burg Allenstein von Olsztyn erkennbar.
- In der Burg ist ein Museum beherbergt.

zusammengestellt nach © ddp Media GmbH / Nicole Schulze-Aissen

b Nikolaiken (polnisch: Mikolajki) liegt im Norden der Masuren.
Olsztyn liegt am Fluss Lyna (deutsch: Alle) im Ermland.

c Der deutsche Name der Stadt Olsztyn ist Allenstein.

d Mögliche Lösung:
Der Text könnte sich an Urlauber richten, die Ausflugsziele suchen.
Der Text könnte sich an Menschen richten, die sich für Geschichte interessieren.

8 Zu markieren ist: Nummer **4 informieren**

Seite 17

1

a Die Wörter sind in folgender Reihenfolge eingesetzt:
Lebensraum, Land, Moor, ausreichend, abgestorbene, Würmern

b Mögliche Lösungen:
Entstehung eines Moores / Zwischen Land und Wasser

Seite 18

1

c 1. Voraussetzung: Wasser
2. Voraussetzung: abgestorbene Pflanzen (nicht vollständig von Würmern und Bodenlebewesen zersetzt)

d Weil Moore eine Übergangszone zwischen festem Land und dem Wasser sind.

2

b Kleine Bodentiere fühlen sich nicht wohl, wenn es zu nass und kühl ist.

c Mögliche Lösung:
Ein Moor entsteht / Vom Pflanzenrest zu Torf

Seite 19

2

d Wenn Moorpflanzen nicht verrotten, sondern nur zu Boden fallen, entsteht sogenannter Torf.

e Moore können an unterschiedlichen Orten auf der Welt entstehen, zum Beispiel jenseits des Polarkreises oder im Regenwald.

3 Mögliche Lösung:
Das Moor besteht nur aus alten Blättern, da lebt nichts. /
Es ist kalt und nass – was soll da leben? / Vielleicht leben dort verschiedene Käfer. /
Große Tiere würden im Moor versinken.

4

b Mögliche Lösung:
Schmetterlinge, Libellen, Käfer, Spinnen, Mäuse, Vögel, Grashüpfer, Feldhasen, Rehe

Seite 20

5

b vor Überschwemmungen oder Überflutungen

c ☒ Die Erdschichten nehmen das Wasser wie ein Schwamm auf und geben es nur langsam wieder ab.

Seite 21

1

b Mögliche Lösung:
Im Text geht es um die verschiedenen Energieformen. /
Im Text geht es um erneuerbare Energien.

c Mögliche Lösung:
Erneuerbare Energien / Energie aus Sonne, Wind und Wasser / Unendliche Energie / Energiegewinnung

2

b Zeilen 4 bis 6: Möglicherweise ist der Vorrat dieser Stoffe irgendwann aufgebraucht. Energie wird der Mensch jedoch weiterhin benötigen, damit die Heizung warm wird oder das Handy aufgeladen werden kann.

c ☒ Erneuerbare Energien schonen unser Klima.
☒ Erneuerbare Energien wie Wind und Sonne sind unbegrenzt vorhanden.

Seite 22

2

d 1. Windenergie
2. Sonnenenergie
3. Wasserkraft

4

a Solarenergie ist Strom, der aus den Strahlen der Sonne erzeugt wird.

b ☒ Windparks können ganze Dörfer mit Energie versorgen.
☒ Je höher eine Wind-Energie-Anlage ist, desto mehr Strom kann sie produzieren.
☒ Windkraft ist umweltfreundlich.

Seite 23

1

a 1 → B / 2 → A / 3 → D / 4 → C

Seite 24

2

b Grant, Neil: Weltgeschichte. Weinheim: Beltz Verlag, 2000, S. 121.

d Umstrittene Milch. Aus: GEO Wissen Ernährung Nr. 7/2019: Vegetarisch und vegan, S. 35–41.

Seite 25

1

b Du brauchst einen großen Topf mit einem Deckel und einen Becher aus Metall. Der Becher soll in den Topf passen. Stelle **zuerst** den Becher in den Topf. Gieße **dann** langsam und vorsichtig Salzwasser in den Topf. Es darf kein Tropfen in den Becher kommen. Der Becher muss bis zur Hälfte im Salzwasser stehen. Lege **jetzt** den Deckel mit dem Griff nach unten auf den Topf. Der Becher muss direkt unter dem Deckelgriff stehen. Stelle **nun** den Topf auf den Herd. Bringe **anschließend** das Salzwasser mit wenig Hitze zum Kochen. Lass das Wasser etwa eine halbe Stunde kochen. Der Wasserdampf kondensiert am Deckel und tropft in den Becher. **Zum Schluss** lass das Wasser im Becher abkühlen, bevor du es trinkst.

c zuerst, dann, jetzt, nun, anschließend, zum Schluss

2 Topf mit Deckel, Becher aus Metall, den Herd

Seite 26

3

a Die Handlungsanleitung wurde im **Präsens** geschrieben.

b Die Handlungsanleitung wurde **persönlich** geschrieben.

4 **Zuerst** stellt man den Becher in den Topf. **Dann** gießt man langsam und vorsichtig Salzwasser in den Topf. Den Becher muss man bis zur Hälfte in das Salzwasser stellen. **Jetzt** legt man den Deckel mit dem Griff nach unten auf den Topf. Den Becher muss man direkt unter den Deckelgriff stellen. **Nun** stellt man den Topf auf den Herd. **Anschließend** bringt man das Salzwasser mit wenig Hitze zum Kochen. Man lässt das Wasser etwa eine halbe Stunde kochen. Der Wasserdampf kondensiert am Deckel und tropft in den Becher. **Zum Schluss** lässt man das Wasser abkühlen, bevor man es trinkt.

Seite 27

1

a Mögliche Lösung:
Regenwasser fließt in die Gullys, dann in unterirdische Rohre, danach in Auffangbecken, vielleicht in die Klärwerke.

b Plasteflasche mit abgeschnittenem Boden / Sieb / drei gleich große Gläser / gewaschener grober Kies / eine Filtertüte / gewaschener feiner Kies / Erde mit Zweigen, Steinchen und Blättern

2 Im ersten Glas befindet sich Erde mit Wasser.
Auf dem zweiten Glas ist ein Sieb mit grobem Kies.
Die Filtertüte mit dem gewaschenen feinen Kies liegt auf dem Flaschenende, das auf das dritte Glas gestellt wird.

Seite 28

Ziel des Experiments: Reinigung von Regenwasser untersuchen
Material: eine Plasteflasche mit abgeschnittenem Boden / Sieb / drei gleich große Gläser / eine Filtertüte / gewaschener grober Kies / gewaschener feiner Kies / Erde mit Zweigen, Steinchen und Blättern
Ablauf des Experiments:
Zu Beginn stellt man sich das benötigte Material bereit. Nun mischt man im ersten Glas Erde mit Wasser. Dann schüttet man groben Kies in das Sieb und stellt es auf das zweite Glas. Jetzt dreht man die abgeschnittene Flasche um. Danach legt man die angefeuchtete Filtertüte auf das Flaschenende. Man füllt in die Filtertüte gewaschenen feinen Kies und stellt das Flaschenende auf das dritte Glas. Einen Teil des Wassers aus dem ersten Glas gießt man durch das Sieb. Einen Teil des gesiebten Wassers aus dem zweiten Glas gießt man nun durch die Filtertüte.
Zum Schluss vergleicht man die Sauberkeit des Wassers in den drei Gläsern.

Seite 29

1

b den Namen, die Klasse, das Datum, die Aufgabe, das Material, die Durchführung, die Beobachtung, die Teilhandlung mit Beobachtung, die Entsorgung, die Auswertung

Seite 30

1

1 → F / 2 → E / 3 → B / 4 → A / 5 → C / 6 → D

3 Versuchsprotokoll schreiben

Name: Marie Linde **Klasse:** 7a **Datum:** 12.10.20..

Aufgabe: Prüfe, ob du die „Wasserhaut" zerstören kannst.

Material: ein Glas Wasser, eine Schüssel Wasser, Streichhölzer, eine Büroklammer, etwas Spülmittel

Durchführung: Lege die Büroklammer vorsichtig auf die Wasseroberfläche des Glases. Tropfe Spülmittel in das Wasser. Lege einige Streichhölzer sternförmig auf die Wasseroberfläche der Schüssel. Tropfe Spülmittel in die Mitte des Sterns.

Beobachtung:

Teilhandlung	Beobachtung
vorher (ohne Spülmittel): Lege die Büroklammer vorsichtig auf die Oberfläche des Wassers.	Die Büroklammer schwimmt.
Lege einige Streichhölzer sternförmig auf die Wasseroberfläche der Schüssel.	Die Streichhölzer sind sternförmig auf der Wasseroberfläche.
nachher (mit Spülmittel): Tropfe Spülmittel in das Wasser.	Die Büroklammer sinkt auf den Boden des Glases.
Tropfe Spülmittel in die Mitte des Sterns.	Die Streichhölzer schießen in alle Richtungen auseinander.

Entsorgung:
Die Materialien können über den Hausmüll entsorgt oder nach der Reinigung weiterverwendet werden.

Auswertung:
Die Oberflächenspannung des Wassers wird durch Spülmittel zerstört.

Seite 31

1

b **1** Unsere Klasse wurde in vier Gruppen aufgeteilt.

2 Gruppe 1: mechanische Reinigung des Wassers
Gruppe 2: biologische Reinigung des Wassers
Gruppe 3: chemische Reinigung des Wassers
Gruppe 4: untersuchte, was nach der Reinigung passiert

Seite 32

c **1** Es wird über die verschiedenen Möglichkeiten der Wasseraufbereitung im Klärwerk berichtet.
2 während der Exkursion für das fächerübergreifende Projekt „Sauberes Wasser“
3 Den Mitschülerinnen und Mitschülern soll das Expertenwissen zum Thema „Sauberes Wasser“ weitergegeben werden.
4 Leon hat für die Webseite der Schule einen Bericht geschrieben.

2

a 1 → D / 2 → A / 3 → B / 4 → C

b Mögliche Lösung:
Der Besuch in der Mineralienausstellung
Maria besuchte in den Sommerferien Tante Lotta. Beide wollten sich die Ausstellung auf Schloss Freudenstein ansehen. Mit dem Auto fuhren sie nach Freiberg. In drei verschiedenen Räumen konnten sie seltene Mineralien bewundern. Ein großer, blau strahlender Stein gefiel ihr besonders. In den Räumen glitzerte und funkelte es in allen Farben. Maria machte sich Notizen. Sie wird über ihre Freizeitaktivität in den Ferien einen Artikel schreiben. Ihre Mitschülerinnen und Mitschüler will sie über diese besondere Mineralienausstellung informieren.

Seite 34

2 Sommer

3

a Markierungen:
Zeile 3: ich
Zeilen 33 bis 34: ein Kleiner, der schwimmen lernt, und sein Vater
Zeile 35: eine alte Frau
Zeilen 40 bis 41: zwei Müttern mit zwei ungefähr dreijährigen Jungen

b Markierungen für die Beschreibungen:
Zeilen 22 bis 23, 26: Ich
Zeilen 33 bis 35: ein Kleiner und sein Vater
Zeilen 36 bis 39: die alte Frau
Zeilen 38 bis 39: zwei Mütter mit zwei Jungen

4

b ☒ Ich-Erzählende

Seite 35

2 „Ich muss grinsen." Zeile 9 → Belustigung
„Aber nicht lange." Zeile 9 → Schreck
„Weit und breit ist kein Bademeister da und die anderen Leute sind zu weit weg." Zeile 11 → Panik
„Ich packe den Jungen unter den Achseln." Zeile 13 → klare Überlegung
„‚Ruhig bleiben', sage ich." Zeile 15 → Beruhigung
„Dort stemmen wir uns beide mit letzter Kraft aus dem Wasser." Zeile 17 → Erschöpfung

Textzitate aus: Höfler, Stefanie: Mein Sommer mit Mucks. Weinheim, Basel: Gulliver in der Verlagsgruppe Beltz, 2016, S. 19–22.

Seite 36

2 Die Erzählung hat den Titel „Elektrische Fische". Sie wurde von Susann Kreller geschrieben. Im Mittelpunkt der Erzählung stehen Emma und ihre Familie. Außerdem ist noch ihr neuer Mitschüler Levin wichtig. Erzählt wird das Geschehen aus der Sicht von Emma. Emma erzählt vor allem davon, wie sie mit ihrem Mitschüler Fluchtpläne schmiedet. Die Geschichte beginnt im Auto des deutschen Großvaters. Besonders interessant finde ich Emmas Sicht auf das Leben und die Landschaft in dem ihr fremden Deutschland.

Seite 37

1

b
- 5 Mucks bedankt sich
- 1 fremder Junge am Beckenrand
- 6 ich bin Zonja
- 2 „Bisamratten" spielen Fangen
- 4 mit letzter Kraft gerettet
- 3 „Birke" platscht ins Wasser

3

a Mögliche Lösung:
schwankt, purzelt, strampelt

b Mögliche Lösung:
kleine Pfütze, nasser Boden

c Mögliche Lösung: Bisamratten, Klammergriff

d Mögliche Lösung: dünn und groß wie eine frisch gepflanzte Birke

Seite 40

1

b bis d Hinweise: Textstellen, die Mucks beschreiben, sind unterstrichen.
Anschauliche Verben sind markiert. Treffende Verben sind fett gedruckt.
Ein Junge, **dünn** und **groß** wie die frisch gepflanzten Birken vorm Friedhof und auch genauso **weiß.** Mit **grasgrüner** Badehose und **rotblonden** Haarsträhnen, die wild vom Kopf abstehen. Aber auch die Ohren stehen vom Kopf ab. [...] Es sieht aus, als hätte er zwei **kleine** untergehende Sonnen seitlich an seinem Kopf befestigt. [...]*

Aus: Höfler, Stefanie: Mein Sommer mit Mucks. Weinheim, Basel: Gulliver in der Verlagsgruppe Beltz, 2016, S. 19–22 [gekürzt und verändert].

Seite 41 bis 42

2
1 der afrikanische Elefant, Igel, Streifenhörnchen, männliche Höckerschildkröten und der Blauwal
2 ihren Eltern
3 Blauwal
4 könnte an ihr liegen, als Klassenidol ungeeignet

Seite 42

4

a Adjektive

b männliche, afrikanische, größte, blonden, schulterlangen, falschen, zu großen, zu lauten, wütenden, schwierige

5

a Verben

b trifft, spaziert, genannt haben, gestehen, interessiere, liebe, sammle, finden

c ein Vergleich

Seite 43

2

a Mögliche Lösung: Das Gedicht wirkt fröhlich und sommerlich.

b Das Gedicht hat zwei Strophen.
Der Dichter hat den Kreuzreim verwendet. (a b a b)

c Mögliche Lösung:
Im Gedicht wird ein Frühlingstag beschrieben.
Der Dichter beschreibt die Natur.
Es werden unterschiedliche Erscheinungen beschrieben (Regen, Ruhe, Stille, Sonne).

Seite 44

4

a **1** Das Gedicht hat eine Strophe.
2 Es besteht aus acht Versen.

b Über allen Gipfeln
Ist Ruh', /
In allen Wipfeln
Spürest du
Kaum einen Hauch; /
Die Vögelein schweigen im Walde. /
Warte nur, balde
Ruhest du auch. /

Aus: Goethe, Johann Wolfgang von: Wandrers Nachtlied. Aus: Trunz, Erich (Hrsg.): Goethes Werke. Band I: Gedichte und Epen. München: Deutscher Taschenbuch Verlag, 1982, S. 142.

c Über allen Gipfeln ist Ruh',
In allen Wipfeln spürest du kaum einen Hauch.
Die Vögelein schweigen im Walde.
Warte nur, balde ruhest du auch.

Aus: Goethe, Johann Wolfgang von: Wandrers Nachtlied. Aus: Trunz, Erich (Hrsg.): Goethes Werke. Band I: Gedichte und Epen. München: Deutscher Taschenbuch Verlag, 1982, S. 142.

Seite 45

2

b

	Der Baum	**Der Wald**
Thema Worum geht es in dem Gedicht?	Ein Baum braucht lange zum Wachsen. Er kann schnell gefällt werden.	Ein Wald ist nützlich und wird als Wesen beschrieben. Er spendet sogar dem Holzfäller Schutz.
Stimmung Wie wirkt das Gedicht auf dich?	- traurig, nachdenklich	- beruhigend, zuversichtlich
Anzahl der Strophen	eine	eine
Anzahl der Verse	4	8
Reimschema	Paarreim (a a b b)	kein Reimschema

Seite 47

2

a **1** Welche Tiere nehmen am Kampfspiel teil?
ein Löwe, ein Tiger, zwei Leoparden

2 Wie werden sie beschrieben?
Löwe: Zeilen 9 bis 16 markieren
Tiger: Zeilen 21 bis 32 markieren
zwei Leoparden: Zeilen 36 bis 38 markieren

b Mögliche Lösung:
Der Löwe betritt die Arena bedächtig und sieht sich stumm ringsum.
Er ist müde und legt sich nieder.
Der Tiger springt wild auf den Löwen zu und brüllt laut.
Er läuft um den Löwen herum.
Die beiden Leoparden stürzen sich auf den Tiger mit ihren Tatzen.

Seite 48

3

b Mögliche Lösung:

Ritter Delorges:	steigt mutig in den Zwinger, holt den Handschuh heraus, begibt sich in eine gefährliche Situation mit vier Raubkatzen ohne Schutz, zeigt Charakter und Stolz
Fräulein Kunigund:	spottet über den Ritter, macht sich über ihn lustig, fordert ihn heraus, verlangt von ihm, dass er sich in Lebensgefahr begibt für einen Handschuh
Ritter und Edelfrauen:	reagieren zuerst erstaunt und später erschrocken, schauen nur zu und tun nichts

Seite 51

3

b **1** Colbert, Simpel, ein Mann
2 Der Mann und die beiden Jungen sind Fremde. Die beiden Jungen sind Brüder.
3 in der U-Bahn

4

b

Mittel des Sprechers	Beispiele
Tempo	langsam, stockend, schnell, flüssig
Betonung	betont, unbetont
Stimme	hoch, tief, brummend, quietschend
Lautstärke	leise, flüsternd, laut, schreiend
Pausen	kurze Pausen, lange Pausen

Seite 52

1

b und c Bei einem Hörspiel haben verschiedene Berufsgruppen unterschiedliche Aufgaben. Am bekanntesten sind dabei wohl die Sprecherinnen und Sprecher. Sie übernehmen die verschiedenen Rollen und proben mehrmals das Lesen der Dialoge und Szenen. Außerdem setzen sie die Regieanweisungen mit ihrer Stimme um.
Ein weiterer Bereich ist die Tontechnik. Dort arbeiten viele Menschen. Hier kommt es besonders auf eine gute Qualität des Klanges an.
Die Klänge und Geräusche machen Geräuschemacherinnen und Geräuschemacher. Sie überlegen, wie sie die notwendigen Geräusche nachahmen können.
Die Audio-Designerinnen und Audio-Designer sorgen für den passenden Soundtrack. Oder sie fügen vorhandene Musikstücke zusammen. Sie beachten hierbei die Stimmung in der jeweiligen Szene, zum Beispiel, ob es fröhlich zugeht oder ob es gefährlich ist.
Bevor man ein Hörspiel produzieren kann, muss allerdings als erster Schritt von Autorinnen und Autoren ein Hörspieltext erstellt werden.

2 1. Sprecherinnen und Sprecher, 2. Tontechnik, 3. Geräuschemacherinnen und Geräuschemacher, 4. Audio-Designerinnen und Audio-Designer, 5. Autorinnen und Autoren

Seite 53

2 Pferde, Regen, Wind

Seite 54

2

b Hinweise: Vorteile von Büchern sind markiert.
Vorteile von Filmen sind fett gedruckt.
Mit Büchern tauchst du ganz anders in die Welt einer Geschichte ein als mit Filmen. Bei Büchern kannst du eher eine eigene Vorstellungswelt entwickeln. Du kannst deine Fantasie spielen lassen. In Büchern ist es leichter, die Gefühle und Gedanken von Personen darzustellen. Ein Buch kann auch helfen, Ruhe in deinen Alltag zu bringen und Stress abzubauen. Und du kannst selbst entscheiden, wann du lesen willst und wie lange.
Filmfreunde mögen es dagegen, beim Filmeschauen **abschalten zu können** und eine **fertige Geschichte angeboten zu bekommen**. Sie **genießen es, den Film an einem Abend oder Nachmittag sehen zu können**. Außerdem kann ein **mittelmäßiger Roman manchmal ein sehr guter Film werden**.

Seite 55

2

a **Nomen/Substantive:** Meike, (die) Ankleiderin, (das) Theater, (das) Erstaunen, (der) Beruf, (die) Schauspielerinnen, (die) Schauspieler, (das) Stück, (das) Kostüm, (die) Rollen, (die) Kleidung, (die) Schuhe, (die) Gürtel, (die) Ketten, (die) Haarbänder, (die) Zeit, (das) Umkleiden, (die) Vorstellung, (die) Kostüme
Verben: ist, erntet, tragen, spielen, müssen, wechseln, hilft, wäscht, repariert
Adjektive: groß(es), ungewöhnlich, verschiedene, kurz(er), schnell(er),

b Mögliche Lösung:
Meike hat einen ungewöhnlichen Beruf.
Schauspielerinnen und Schauspieler können verschiedene Kostüme tragen.
Meike hilft ihnen beim Umkleiden.
Kostüme müssen repariert werden.

Seite 56

2

a Die **Maskenbildnerin** erzählt:
Gern schminke ich die **Gewaltopfer** für die **Kriminalfälle**.
Der **Aufwand** ist groß. Das **Ergebnis** ist gut,
wenn die **Verletzungen** echt aussehen.

b männlich (der): der Aufwand
weiblich (die): die Maskenbildnerin, die Gewaltopfer, die Verletzungen
sächlich (das): das Ergebnis

c männlich (der): der Schauspieler, der Beruf, der Gürtel
weiblich (die): die Kleidung, die Schminke, die Schuhe
sächlich (das): das Kostüm, das Halsband, das Theater

Seite 57

3

a In einem **Theater** soll man die **Personen** an ihrem **Rollengesicht** erkennen.
Deshalb trage ich dicke **Farbschichten** auf jedes **Gesicht** auf.
Dann klebe ich lange **Wimpern,** eine **Verletzung** oder einen **Bart** an.
Zu allen **Zeiten** gab es unterschiedliche **Bartformen**.
Die **Nase** oder das **Kinn** betone ich gern mit kleinen **Kunststoffteilen**.

b unbestimmter Artikel: einem, eine, einen
bestimmter Artikel; die, die, das
Pronomen: ihrem, jedes, alle
Adjektiv: dicke, lange, unterschiedliche, kleinen
Zahlwort: allen

4 Maskenbildner sorgen für das gute Aussehen.
Man muss sich mit historischen Frisuren auskennen.
Vormittags arbeitet man an neuen Perücken.
Abends schminkt man für den Auftritt.
Nach dem Auftritt hilft man beim schnellen Abschminken.

Seite 58

1

b Hinweis: Verben sind fett gedruckt. Die Nominalisierungen sind markiert.
Ich **fertige** eine Perücke **an**.
Das Anfertigen einer Perücke **ist** schwierig.
Das Abnehmen der Kopfmaße **lernen** wir.
Auf einen Holzkopf **übertragen** wir die Maße.
Mir **macht** das Anfertigen von Masken großen Spaß.
Ich **verändere** die Masken gern.

2

a und b Hinweis: Verben sind fett gedruckt. Die Nominalisierungen sind markiert.
Ich beginne mit dem Nähen des Unterbaus.
Dieser Unterbau **heißt** Montur.
Die Arbeit beginnt mit dem Abnehmen der Kopfmaße.
Für die Montur **verwenden** wir feinen Tüllstoff.
Die meiste Zeit benötigen wir für das Einknüpfen der Haare.
Jedes Haar muss ich einzeln durch den Stoff **ziehen**.
Das Verknoten verhindert, dass die Haare aus dem Stoff rutschen.

Seite 59

3 Hinweis: Adjektive sind unterstrichen. Nominalisierungen sind markiert.
Wie hieß der spannende Film?
Wie hieß dieser Blonde aus dem Film?
Die Maskenbildnerinnen und Maskenbildner lassen sich immer etwas Neues einfallen.
Sie gestalten gruselige Masken.

4 Mögliche Lösung:

a und b das Ärmellose – das bedruckte Ärmellose
das Nagelneue – das enge Nagelneue
das Altmodische – das weite Altmodische
das Schicke – das einfarbige Schicke

5 Die kleinen Kinder lassen sich als Clown schminken. Mit den ganz kleinen Kindern wird begonnen. Die Jüngsten bekommen eine Clownsnase. Die Großen lassen sich schminken.

6 Die kleinen Kinder wollen als Clown geschminkt werden.
Die Maskenbildnerin beginnt mit den Kleinsten.
Den jüngsten Kindern klebt sie eine Clownsnase an.
Die Großen lassen sich fotografieren.

Seite 60

1 1 → D, 2 → C, 3 → A, 4 → B

2 Sie schminkt die Kinder. Ein Mädchen bekommt Glitzer auf ihre Wangen. Ihre Augen betont sie stark. Dabei fällt der Pinsel auf ihren Kittel. Es ist nichts passiert.

3 **Alarm an unserer Schule**
Plötzlich ertönt ein Alarm, der uns erschreckte.
Geordnet verließen die Klassen das Gebäude, das geräumt wurde.
Alle kannten den Stellplatz, der auf der anderen Straßenseite lag.
Die Klassen meldeten die Personen, die heute nicht im Unterricht waren.

Seite 61

1

b und c Hinweis: Aktivformen sind fett gedruckt. Passivformen sind markiert.
Es **gibt** verschiedene Filmpreise. Die Filmfestspiele in Berlin **heißen** Berlinale.
Die Berlinale **verleiht** den „Goldenen Bären". Auf der Berlinale **vergibt** auch das Publikum einen Preis.

Mit der „Goldenen Taube" wird der beste Dokumentarfilm in Leipzig geehrt.
Die Preisträger werden bejubelt.
Viele Preisverleihungen werden im Fernsehen übertragen.

2 **Präsens:** Ein Film wird gezeigt. Die Filme werden gezeigt.
Präteritum: Der Film wurde gezeigt. Zehn Filme wurden gezeigt.
Perfekt: Ein Film ist ausgewählt worden. Zehn Filme sind ausgewählt worden.

Seite 62

3 **Passivformen:**
Präsens: sie werden gezeigt
Präteritum: sie wurden gezeigt
Perfekt: sie sind gezeigt worden

4 Mehr als 400 Filme **wurden** letztes Jahr auf der Berlinale **gezeigt**.
Das Festival **ist** 1951 **gegründet worden**.
Das Festival **wird** seit 2019 von zwei bekannten Persönlichkeiten **geleitet**.
Die besten Filme **werden** mit einem Goldenen und einem Silbernen Bären **geehrt**.
Es **werden** auch Filme für Kinder und Jugendliche auf der Berlinale **gezeigt**.

Seite 63

1

b **1** Die großen Scheinwerfer verbreiten ein helles Licht.
2 Die neugierigen Zuschauer warten auf das tolle Konzert.
3 Es wird eine großartige Vorstellung.

c groß, größer, am größten
hell, heller, am hellsten
neugierig, neugieriger, am neugierigsten
toll, toller, am tollsten
großartig, großartiger, am großartigsten

2 Die Motorräder fahren so schnell wie Autos.
Kim fährt langsamer als Tom.
Die Motorsäge ist lauter als die Musik.
Peer arbeitet genauso ordentlich wie sein Vater.
Ahmed springt so weit wie Basti.
Das Erdbeereis ist süßer als das Joghurteis.

Seite 64

1 **Wann?** (die Zeit): plötzlich, freitags, nachts
Wo? (der Ort): rechts, vorn, hinten, oben
Wie? (die Art und Weise): ungern, miteinander
Warum? (der Grund): deshalb, darum

2 **1** Wann? die Zeit / **2** Wo? der Ort / **3** Wie? die Art und Weise /
4 Warum? der Grund

3 bergauf – bergab, zuerst – zuletzt, überall – nirgends, vorn – hinten, miteinander – gegeneinander, unten – oben

Seite 65

1

b Im Radio kommt eine Verkehrsdurchsage, weil sich ein Unfall ereignete.
Der Fahrer kam ins Schleudern, als er stark bremsen musste.
Die Unfallstelle wurde abgesichert, aber es liegen Teile auf der Fahrbahn.

c Mögliche Lösung:
Die Sperrung wurde aufgehoben, **als** die Fahrbahn sauber war.

2

b Die Polizisten haben gerade Mittagspause, aber sie werden zu einem Unfall gerufen.
Auf der Autobahn bildet man eine Rettungsgasse, damit die Einsatzfahrzeuge ungehindert am Unfallort vorbeifahren können.
Eine Flüssigkeit ist ausgelaufen, weil ein Tankfahrzeug umgekippt ist.
Der Stau löst sich auf und die Fahrzeuge fahren zügig am Unfallort vorbei.

Seite 66

1

und b **1** Die Schulband probt unter Anleitung eines Musikers.
Frage: Wer probt unter Anleitung eines Musikers?
2 Im Proberaum liegen neue Instrumente.
Frage: Was liegt im Proberaum?

c **3** Flöten klingen gut zu Gitarren.
4 Karina spielt seit Jahren Klavier.

2

b **1** Die Schulband komponiert einen eigenen Song.
2 Sie überraschen damit ihren Musiker Jan.

Seite 67

1

b **1** Wen fragt der Musiker Jan nach dem Ablauf?
2 Wem gibt er Hinweise für den Einsatz der Instrumente?
3 Was stimmt Joe?
4 Was packt Karina aus?
5 Wen begleitet sie bei ihrem Gesang?

c **2** Dativobjekt
3 Akkusativobjekt
4 Akkusativobjekt
5 Akkusativobjekt

Seite 68

1

b und 2 Hinweis: Die **Adverbialbestimmung des Ortes** ist fett gedruckt und die Adverbialbestimmung der Zeit ist markiert.
In wenigen Minuten beginnt das Konzert der Schülerband.
In der Turnhalle der Schule kommen Schüler, Eltern und Lehrer zusammen.
Florian und Juri holen noch Stühle **aus dem Klassenzimmer.**
Die Band hat ein halbes Jahr geübt für diesen Nachmittag.
Die Eltern von Sira und Karina sitzen **in der ersten Reihe**.
Auf der Bühne stehen die Instrumente bereit.
Gleich geht es los.

Seite 69

1

2 Das Mädchen steht neben dem Sänger, aber sie singt nicht.
Hauptsatz — Hauptsatz

3 Seitdem sie auf die Bühne kommt, sind auch gehörlose Menschen im Publikum.
Nebensatz — Hauptsatz

4 Wenn sie mit den Lippen den Gesang nachmacht, tanzt sie im Rhythmus.
Nebensatz — Hauptsatz

5 Mit ihren Bewegungen erreicht sie, dass die Musik sichtbar wird.
Hauptsatz — Nebensatz

Seite 70

3

b und c 1 Gehörlose Menschen verständigen sich mit Gesten, [aber] sie müssen das erlernen.
2 Das Verständigen über Gesten ist schwierig, [doch] die Kinder lernen es in der Schule.
3 Viele gehörlose Kinder wachsen „zweisprachig" auf, sie lernen die Gebärdensprache und das Lippenlesen.

d Die finite (gebeugte) Verbform steht an zweiter Stelle.

4 1 Als Kind nahm Laura Gesangsunterricht, denn sie wollte Sängerin werden.
2 Sängerin war ihr Traum und auf der Bühne stand sie auch gern.
3 Sie sang sehr viel, aber dann verlor sie ihr Gehör.

Seite 71

5

a 1 → B / 2 → C / 3 → A

b, c und d 1 Ich wünsche mir, [dass] ich es schaffe.
2 Du sollst auf der Straße aufpassen, [weil] es gefährlich ist.
3 Ihr seid zu spät gekommen, [obwohl] der Bus fährt.

6 2 Ich hatte die Durchsage nicht verstanden, obwohl ich genau zuhörte.
3 Richtig in Panik bin ich geraten, als der Fahrstuhl nicht weiterfuhr.
4 Ich konnte niemanden erreichen, sodass ich mehrere Stunden warten musste.

Seite 72

1

a Jurek: „Ich freue mich total auf die Comics."
Lea: „Na ja, ich stehe eher auf Mangas."
Steve: „Ich denke, wir sollten uns alles anschauen. Vielleicht gibt es was Neues!"
Jason: „Mir gefallen vor allem die Figuren von Jean Giraud, die sehen aus wie von anderen Planeten."

b Jurek ruft: „Ich freue mich total auf die Comics."
„Naja, ich stehe mehr auf Mangas", entgegnet Lea.
Steve lacht und meint: „Ich denke, wir sollten uns alles anschauen. Vielleicht gibt es was Neues."
„Mir gefallen vor allem die Figuren von Jean Giraud", sagt Jason, „die sehen aus wie von anderen Planeten."

Seite 73

1 **1** Bei der Berliner Comic-Messe kann man Zeichner treffen, Comics kaufen und Autogramme bekommen.

2 Es gibt dort etwas zu Spiel, Film, Comic und Manga.

2

b **1** Lea besuchte die Comic-Messen in Berlin, Leipzig, Stuttgart und auch in Frankfurt.
2 Steve mag sowohl die Geschichten, die Figuren, die Kostüme als auch die Menschen dort.
3 Jurek, Steve und Jason erkennen den Disney-Zeichner Don Rosa.
4 Mittags gehen Jurek und Jason kurz aus der Messe-Halle und lernen Kim, Luna und Mia kennen.

Seite 74

1

b … wird vom Mittwoch, dem 7. März auf Dienstag, den 13. März verlegt.

2

b **1** Heute ist Sonntag, der 23. März.
2 Wir haben morgen Montag, den 24. März.
3 Lea geht zu Steve am Freitag, 5. April.
4 Jason kommt Montag, 8. April.

3

b **1** Die deutsche Comic-Messe fand vom Sonnabend, dem 12. September bis zum Sonntag, dem 13. September in Berlin statt.
2 Die vier Freunde nahmen am Sonnabend, dem 12.9. teil.
3 Am Freitag, dem 18. September sollen sie in der Klasse von ihrem Erlebnis erzählen.

Seite 75

1

a 1 → B / 2 → A / 3 → C

b Das Anliegen der Comic-Messe ist es, die bunte Vielfalt der Comics zu zeigen.
In der Kostümwelt geht es darum, die Figuren aus den Comics zu erkennen.
Es ist spannend, die Filme den Filmhelden zuzuordnen.

2

und c 2 Beim Messegang geht es darum, viele interessante Zeichner kennenzulernen.
3 Es geht darum, mit ihnen zu sprechen.

Seite 76

1

b Er hat „Das fliegende Klassenzimmer" 1933 geschrieben.
Es ist ein Schul-Roman für Kinder.
Darin geht es um Schülerinnen und Schüler in einem Internat und ihre Erlebnisse.
Das Buch wurde mehrmals verfilmt.

Seite 77

1
1 der Star + die Besetzung – die Starbesetzung
2 das Kino + der Start – der Kinostart
3 ab + schminken – abschminken

2

und b 1 Die Sendung, die unterhält, ist die Unterhaltungssendung.
2 Der Pass für das Kind ist der Kinderpass.
3 Der Dieb, der die Tasche raubt, ist der Taschendieb.

3 die Liebe + voll – liebevoll, das Kino + der Start – der Kinostart,
die Kamera + der Mann – der Kameramann, der Stein + alt – steinalt,
der Ton + die Technikerin – die Tontechnikerin

Seite 78

1

a beachten, verachten, missachten
behalten, erhalten, verhalten
benehmen, entnehmen, vernehmen

b Mögliche Lösung:
In der Schule beachte ich die Verhaltensregeln.
Regeln sollten nicht missachtet werden.
Ich erhalte von meinen Eltern Taschengeld.
Wir freuen uns auf die Exkursion.

2 das Altertum, das Wachstum
die Achtung, die Wohnung, die Nutzung, die Spannung
die Meisterschaft, die Freundschaft, die Verwandtschaft, die Feindschaft

3 freund**lich**, kom**isch**, dank**bar**, lach**haft**, aufmerk**sam**, berg**ig**, obdach**los**

Seite 79

1

die Sportabteilung	**die Schreibwaren / der Bürobedarf**	**die Schuhe / die Taschen**
die Fußballschuhe	die Schreibhefte	der Koffer
der Badeanzug	die Stifte	die Handtasche
der Fahrradhelm	die Klebestifte	die Schuhcreme

2
der Körperbau: Biologie
die Adjektive: Deutsch
der Satzbau: Deutsch
die Organe: Biologie
die Flüsse: Erdkunde

die Zahl: Mathematik
die Kontinente: Erdkunde
die Hauptstädte: Erdkunde
die Addition: Mathematik
das Säugetier: Biologie

Seite 80

1

1 → G / 2 → C / 3 → D / 4 → E / 5 → B / 6 → A / 7 → F

2

a
1 jemanden beim **Wort** nehmen
2 **Wort** halten
3 auf dein **Wort** bauen
4 jemandem sein **Wort** geben
5 über etwas viele **Worte** machen
6 das letzte **Wort** haben

b
1 jemanden ernst nehmen
2 das Gesagte auch tun
3 sich auf das Gesagte des anderen verlassen
4 ein Versprechen geben
5 viel reden über etwas
6 immer etwas erwidern

Seite 81

1 Im letzten Urlaub sahen wir ein Theaterstück.
Ich erinnere mich besonders an farbenfrohe Masken.
Die Zuschauer waren begeistert.
Zum Schluss gab es stürmischen Applaus.

2 Während der Vorstellung klatschen die Zuschauer immer wieder.
Wild und unbändig ist das Tanzen der Hexen und Zauberer.
Das Fotografieren während der Vorstellung ist erlaubt.
Meine Eltern freuen sich mit mir über den schönen Abend.

3 1 → B / 2 → C / 3 → A

4 Wir wählten den Eingang, der rollstuhlgerecht war.
Vorn an der Bühne war der Platz, der für uns reserviert war.
Wir freuten uns über die Musik, die plötzlich erklang.
Gerne denke ich an das Konzert zurück, das so schön war.

Seite 82

5 Hinweis: Die Aktivform ist fett gedruckt. Die Passivform ist markiert.
Malik und Anuk **spielen** ganz neu im Verein.
Beide **wohnen** erst seit einigen Monaten in unserer Stadt.
Deshalb werden sie von der Mannschaft freundlich begrüßt.
Der Fußball wird nun zum Spielfeld getragen.

6

Zeitform	Aktivform	Passivform
Präsens	sie bauen	sie werden gebaut
Präteritum	sie bauten	sie wurden gebaut
Perfekt	sie haben gebaut	sie sind gebaut worden

7 **1** Das Punktspiel erwarteten die jungen Spieler mit Freude.
2 Das Spiel begann mit einem zeitigen Tor.
3 Trotzdem wurde nicht aggressiv gespielt.

8 1 das Spiel + das Feld – das Spielfeld
2 die Musik + der Verein – der Musikverein
3 vor + spielen – vorspielen
4 voll + die Kost – die Vollkost

9 täglich / traumhaft / schmerzlich / bergig / sparsam / kritisch / sorglos

Seite 83

2 Apfel / Deutsch / kassieren / Organ / Rabe / Salz / schnell

Seite 84

1

b und c

fühlen	Gestern fühlte er.	Er hat gefühlt.
spielen	Gestern spielte er.	Er hat gespielt.
wohnen	Gestern wohnte er.	Er hat gewohnt.
siegen	Gestern siegte er.	Er hat gesiegt.
dehnen	Gestern dehnte er.	Er hat gedehnt.

2

d und e fühlen, Fühler, Gefühl
spielen, Spielzeug, Spielplatz
wohnen, Wohnung, Wohnzimmer
siegen, Sieg, Siegeszug
dehnen, Dehnung, die Ausdehnung

3 Sehnsucht

Seite 85

4

b und c die Fibel – die Fibeln / der Liter – die Liter / die Mine – die Minen / der Igel – die Igel / der Biber – die Biber / die Idee – die Ideen / der Vampir – die Vampire

d der Vampir / die Biber / der Igel

5

a Der Igel läuft durch den Garten.
Ich kaufe einen Liter Milch.
Du hast eine gute Idee.

Seite 86

1

a, b und c die Fal-te – fal-ten / ken-nen – das Ken-nen-ler-nen / die Son-ne – son-nig / die Wol-ke – wol-kig / die Stäm-me – stäm-mig / hel-fen – die Hil-fe

2

a und b klappern / wollen / bellen / hämmern / schnattern

klappern	Gestern klapperte sie.	Sie hat geklappert.
wollen	Gestern wollte sie.	Sie hat gewollt.
bellen	Gestern bellte sie.	Sie hat gebellt.
hämmern	Gestern hämmerte sie.	Sie hat gehämmert.
schnattern	Gestern schnatterte sie.	Sie hat geschnattert.

3

d **1** Wieso klappern Klapperschlangen?
2 Das Klappern der Klapperschlange ist ein Warnsignal.
3 Sie klappert meistens, wenn sie gestört wird.

Seite 87

1 der Rasen: lang / groß: lang / der Spaß: lang / der Fluss: kurz
der Fuß: lang / der Schluss: kurz / die Straße: lang

2 weiß / beißen / schließlich / heißen / schließen / reißen

3

a und b Hinweis: ss ist markiert, ß ist fett gedruckt, s ist eingerahmt
der Fluss – die Flüsse – das Flusspferd
der Fu**ß** – die Fü**ß**e – der Fu**ß**ball
der Rasen – der Fußballrasen – der Rasensprenger
die Stra**ß**e – die Einkaufsstra**ß**e – die Hauptstra**ß**e
der Schluss – der Schulschluss – der Filmschluss

4 Hinweis: ss ist markiert, ß ist fett gedruckt, s ist eingerahmt
Oft gehe ich mit meinem Hund am Fluss auf dem Rasen spazieren.
Mein Hund hei**ß**t Rex und hat ein gro**ß**es, wei**ß**es Gebiss.
Aber er bei**ß**t nur in Fu**ß**bälle.
Sobald er einen Ball sieht, rei**ß**t er mich mit der Leine beinahe von den Fü**ß**en.
Dann rufe ich laut: „Schluss!" So wei**ß** er, dass das kein Spa**ß** mehr ist.

Seite 88

1

a und b das Fahrzeug (g/k) – die Fahrzeuge, das Geld (d/t) – die Gelder, der Stift (d/t) – die Stifte, der Schrank (g/k) – die Schränke, der Dieb (b/p) – die Diebe, stark (g/k) – stärker, klug (g/k) – klüger, bunt (d/t) – bunter, er glaubt (b/p) – glauben, sie schraubt (b/p) – schrauben, er tankt (g/k) – tanken

2

a und b schädlich – der Schaden / friedlich – der Frieden / er glaubt – der Glaube / sie schraubt – die Schraube / ländlich – die Länder / die Verbindung – verbinden

Seite 89

1 die Mäntel → der Mantel / er gräbt → wir graben / gefährlich → die Gefahr / der Becher → – / die Schwester → –

2 Ich bin ziemlich erkältet. Ich habe kräftigen Husten. Ich muss täglich Medizin nehmen. Ich decke mich gut zu. Heute kann ich wieder lächeln. Es geht mir besser.

3 Der Bär wacht spät im März auf. Er frisst dann gerne Käse und macht dabei Lärm. Er kauft den Käse im Geschäft. Und das Mädchen im Geschäft ärgert sich. Aber es stimmt alles nicht, denn es ist nur ein Märchen.

Seite 90

1

b Olympischen Spiele, Internationale Olympische Komitee, Olympischen Spiele, olympische Medaillen, internationale Anerkennung, deutsche Sportlerin, Olympia, Birgit Fischer, Potsdam

2 Mögliche Lösung:
Ich wohne in Europa. Meine Schule steht an einer Hauptstraße.
Ich bin schon einmal in Dresden gewesen.

Seite 91

3

b die Orte: Olympia, Peloponnes, Römischen Reich, Athen
die Personen: Herakles, Zeus, Athener
die Veranstaltungen: Spielen, Stadionlauf, Faustkämpfe, Ringkämpfe, Fünfkampf
die Organisationen: Internationale Olympische Komitee

Seite 92

1

a, b und c Hinweis: Die fest zusammengesetzten Verben sind fett gedruckt.
Die unfest zusammengesetzten Verben sind markiert.
Ich atme ein. → (Ich will) einatmen
Ich atme aus. → (Ich will) ausatmen
Ich gehe vorwärts. → vorwärtsgehen
Sie geht mit. → mitgehen
Ich **unternehme** etwas. → unternehmen
Er fordert mich heraus. → herausfordern
Sie **untersucht** dich. → untersuchen

2

a und b Hinweis: Die fest zusammengesetzten Verben sind fett gedruckt.
Die unfest zusammengesetzten Verben sind markiert.
einschlafen – ich schlafe ein / anbringen – ich bringe an / anmelden – ich melde an /
überspringen – ich **überspringe**

unterhalten – ich **unterhalte** / ausgehen – ich gehe aus /
abschreiben – ich schreibe ab / **untersuchen** – ich **untersuche**

Seite 93

1

b glasieren → C mit einer Glasur überziehen
blanchieren → C kurz in kochendes Wasser eintauchen
gratinieren → A mit Ei, Sahne oder Käse überbacken

Seite 94

1 Adjektiv / Baby / Computer / Fabrik / Handy / Programm / Reaktion / Software

2

a und b Hinweis: Die fest zusammengesetzten Verben sind fett gedruckt.
Die unfest zusammengesetzten Verben sind markiert.

1 Wir **übersetzen** den Brief aus London ins Deutsche.
2 Bei Regen stellen wir uns unter.
3 Ich **unterhalte** mich mit meinen Freunden.
4 Meine Wunde wird nun **untersucht**.
5 Ich schreibe den Aufsatz schon das dritte Mal um.
6 Sie **übergehen** meine Meinung einfach.

3

fehlen	Gestern fehlte er.	Er hat gefehlt.
sieben	Gestern siebte er.	Er hat gesiebt.
kühlen	Gestern kühlte er.	Er hat gekühlt.
wohnen	Gestern wohnte er.	Er hat gewohnt.

4 der Liter / der Igel / die Idee / der Vampir

Seite 95

5

klappern	Gestern klapperte er.	Er hat geklappert.
bellen	Gestern bellte er.	Er hat gebellt.
schnattern	Gestern schnatterte er.	Er hat geschnattert.
brummen	Gestern brummte er.	Er hat gebrummt.

6 der Zaun – die Zäune / die Maus – die Mäuse / das Haus – die Häuser

7
1 die ~~olympischen~~ / Olympischen Spiele
2 ~~athen~~ / Athen
3 das hübsche / ~~Hübsche~~ Rathaus
4 ~~europa~~ / Europa
5 das römische / Römische Reich

8
1 das Fremdwort für Säugling: das Baby
2 ein anderes Wort für tragbares Telefon: das Handy
3 ein kleines Schwimmbad im Garten: der Pool
4 das Gegenteil von aktiv: passiv

Muttersprache plus

7 Arbeitsheft

für Lernende mit erhöhtem Förderbedarf
im inklusiven Unterricht

Erarbeitet von
Marion Böhme, Birgit Ellwart,
Martina König, Marie-Elisabeth Wöhlbier

Cornelsen

Muttersprache plus

7 **Arbeitsheft**

für Lernende mit erhöhtem Förderbedarf
im inklusiven Unterricht

Zu diesem Buch gibt es ein passendes **Schülerbuch** (ISBN 978-3-06-062091-3).

Redaktion: Jana Görbing, Berlin
Illustrationen: Maja Bohn S. 6, 9, 25, 27, 33, 40, 41, 46, 47, 50
Susann Hesselbarth S. 70, 72, 74, 81, 85, 93
Umschlaggestaltung: werkstatt für gebrauchsgrafik, Garding
Umschlagillustration: Dorina Tessmann, Berlin
Layoutkonzept: lernsatz.de
Technische Umsetzung: Straive

Textquellen: 5 Winterverluste an Bienenvölkern 2019/2020. Zahlen aus: https:// deutscherimkerbund.de/download/0-603 [18.11.20]. **13ff.** Schulze-Aissen, Nicole: Masuren – märchenhafte Seenlandschaft mit viel Seele und Geschichte. ddp Media GmbH (gekürzt und verändert). **17ff.** Klaschka, Siegfried: Moore. Online im Internet: https://www. planet-wissen.de/natur/landschaften/lebensraum_moor/index.html [11.01.2021] (gekürzt und verändert). **33f.** In Deutschland befindet sich … Aus: Höfler, Stefanie: Mein Sommer mit Mucks. Weinheim, Basel: Gulliver in der Verlagsgruppe Beltz, 2016, S.16–19 (gekürzt und verändert). **35** Da steht ein Junge am Beckenrand … Aus: Höfler, Stefanie: Mein Sommer mit Mucks. Weinheim, Basel: Gulliver in der Verlagsgruppe Beltz, 2016, S.19–22 (gekürzt und verändert). **40** Und da steht noch einer … Aus: Höfler, Stefanie: Mein Sommer mit Mucks. Weinheim, Basel: Gulliver in der Verlagsgruppe Beltz, 2016, S.19–20. (gekürzt und verändert). **41** Der männliche, afrikanische Elefant … Aus: Höfler, Stefanie: Mein Sommer mit Mucks. Weinheim, Basel: Gulliver in der Verlagsgruppe Beltz, 2016, S.7–9 (gekürzt und verändert). **43** Fontane, Theodor: Mittag. Aus: Fontanes Werke in fünf Bänden. Bd. 1. Berlin, Weimar: Aufbau, 1964, S.3 f. **44** Goethe, Johann Wolfgang von: Wandrers Nachtlied. Aus: Trunz, Erich (Hrsg.): Goethes Werke. Band I: Gedichte und Epen. München: Deutscher Taschenbuch Verlag, 1982, S.142. **45 oben** Roth, Eugen: Der Baum. Aus: Harenski, Rita (Hrsg.): Zauberwort: Die schönsten Gedichte für Kinder aus vier Jahrhunderten. Würzburg: Arena Verlag, 2004, S.100. **45 unten** Siddharta Gautama Buddha: Der Wald. Online im Internet: https://medienwerkstatt-online.de/lws_wissen/vorlagen/showcard.php?id=16859 [25.08.2021]. **46ff.** Schiller, Friedrich: Der Handschuh. Aus: Thalheim, Hans Günther u. a. (Hrsg.): Friedrich Schiller. Sämtliche Werke in zehn Bänden. Berliner Ausgabe. Band 1. Berlin, Weimar: Aufbau Verlag, 2005, S.426 (gekürzt und verändert). **50** Murail, Marie-Aude: Simpel. Kapitel 1. Aus dem Französischen von Tobias Scheffel. Frankfurt am Main: Fischer Taschenbuch Verlag in der S.Fischer Verlag GmbH, 2018, S.9–11 (gekürzt und verändert). **83** Hut. Aus: Bibliographisches Institut GmbH (Hrsg.): Schülerduden Rechtschreibung: Nachschlagen, Regeln verstehen, Richtig schreiben 5. bis 10. Klasse, 12 Auflage, Berlin: 2018, S. 242.

Bildquellen 4 o. stock.admanfredxyobe.com, **u.** Shutterstock.com/Miriam Doerr Martin Frommherz; **5** Cornelsen/ SPI Technologies India; **11** Shutterstock.com/Marek-Tr; **13** Shutterstock.com/Bartosz Dziugiel; **14** Shutterstock.com/grzejan; **15** Shutterstock.com/Majonit; **16** Shutterstock.com/Zerbor; **17** stock.adobe.com/Vincent Sima/Vincent; **18, 19** stock.adobe.com/info@maren-winter.de/Maren Winter; **20** stock.adobe.com/Stefan Arendt; **22 o.** stock.adobe.com/manfredxy, **u.** Shutterstock.com/mitchFOTO; **36** Susan Kreller, Elektrische Fische © Carlsen Verlag GmbH, Hamburg 2019; **38 li.** Shutterstock.com/Kuznetcov_Konstantin, **re.** stock.adobe.com/MandicJovan/Mediteraneo; **48** akg-images; **49** Marie-Aude Murail, Simpel © 2007 S. Fischer Verlage; **52 o.** stock.adobe.com/AntonioDiaz, **u.** Shutterstock.com/Gorodenkoff; **53 li.** mauritius images/alamy stock photo/Niteen Kasle, **Mi.** Panther Media GmbH/Barbara Pheby, **re.** stock.adobe.com/Shablon; **54 o.** Shutterstock.com/Elena Kharichkina, u. Shutterstock.com/AboutLife; **55, 58** Cornelsen/Thomas Schulz; **61** Ali Ghandtschi © Berlinale 2008; **63** stock.adobe.com/Gino Santa Maria © 2014 All Rights Reserved/R. Gino Santa Maria; **68** stock.adobe.com/Elnur Amikishiyev/Elnur; **76** Erich Kästner, Das fliegende Klassenzimmer. Coverillustration von Walter Trier © Atrium Verlag AG, Zürich 1935; **86** stock.adobe.com/Susan; **87** Shutterstock.com/topseller; **90** dpa Picture-Alliance/ASSOCIATED PRESS/AP/MARK J. TERRILL; **91** Imago Stock & People GmbH/YAY Images/xmichaklootwijkx 13766408

www.cornelsen.de

1. Auflage, 1. Druck 2022

Alle Drucke dieser Auflage sind inhaltlich unverändert und können im Unterricht nebeneinander verwendet werden.

Druck: Athesiadruck GmbH

ISBN 978-3-06-063326-5

PEFC/18-31-166

PEFC zertifiziert
Dieses Produkt stammt aus nachhaltig bewirtschafteten Wäldern und kontrollierten Quellen.

www.pefc.de

Inhalt

Was weißt du noch aus Klasse 6?

1 Lies den folgenden Text.

Rettet die Bienen!

Wusstest du schon, dass Bienen neben Rindern und Schweinen zu den wichtigsten Nutztieren in Deutschland gehören? Bienen bestäuben zum Beispiel die Blüten von Obstbäumen. Ohne Bienen wären unsere Ernten nur halb so groß und das Obst und Gemüse wäre viel kleiner. Je häufiger eine Blüte bestäubt wird, desto größer wird die Frucht. Um alle Menschen daran zu erinnern, wie wichtig die Bienen für uns sind, gibt es den Weltbienentag. Er ist am 20. Mai.

Leider sterben seit vielen Jahren immer mehr Bienen. Schuld daran sind einerseits sehr kleine Tiere, sogenannte Milben. Andererseits werden in der Landwirtschaft oft Pestizide[1] eingesetzt, die wichtige Lebensräume von Bienen zerstören. In Deutschland ist über die Hälfte der Wildbienenarten vom Aussterben bedroht. Der besondere Schutz durch Naturschutzgesetze konnte dies bisher nicht verhindern.

[1] **das Pestizid:** chemische Stoffe, Pflanzenschutzmittel

Was können wir Menschen dafür tun, dass sich die Bienen wieder wohlfühlen? Als Erstes muss der Einsatz von Pestiziden in der Landwirtschaft verboten werden. Zusätzlich können wir auf Balkonen, in Parks und Gärten dafür sorgen, dass Wildbienen geeignete Lebensräume finden. Wichtig sind zum Beispiel geeignete Nistplätze und Wiesen mit vielen verschiedenen Blüten. Viele Wildbienen nisten in der Erde. Sie sind dankbar, wenn im Garten ein Platz für sie freigehalten wird, der nicht umgegraben oder bepflanzt wird.

Das Sterben der Bienen / Die Rettung der Bienen / Die Wichtigkeit der Bienen

2 Der Text ist in drei Abschnitte unterteilt.

a Lies den Text noch einmal.

b Finde eine passende Teilüberschrift für jeden Abschnitt. Schreibe diese jeweils auf die Linie über dem Abschnitt.

3 Sind die Aussagen richtig oder falsch? Kreuze an.

	richtig	**falsch**
Die Bienen bestäuben die Obstbäume.		
Ohne Bienen fällt die Ernte geringer aus.		
Der Mensch hat keinen Einfluss auf das Bienensterben.		

4 Sieh dir das Balkendiagramm an.

Winterverluste an Bienenvölkern 2019/2020

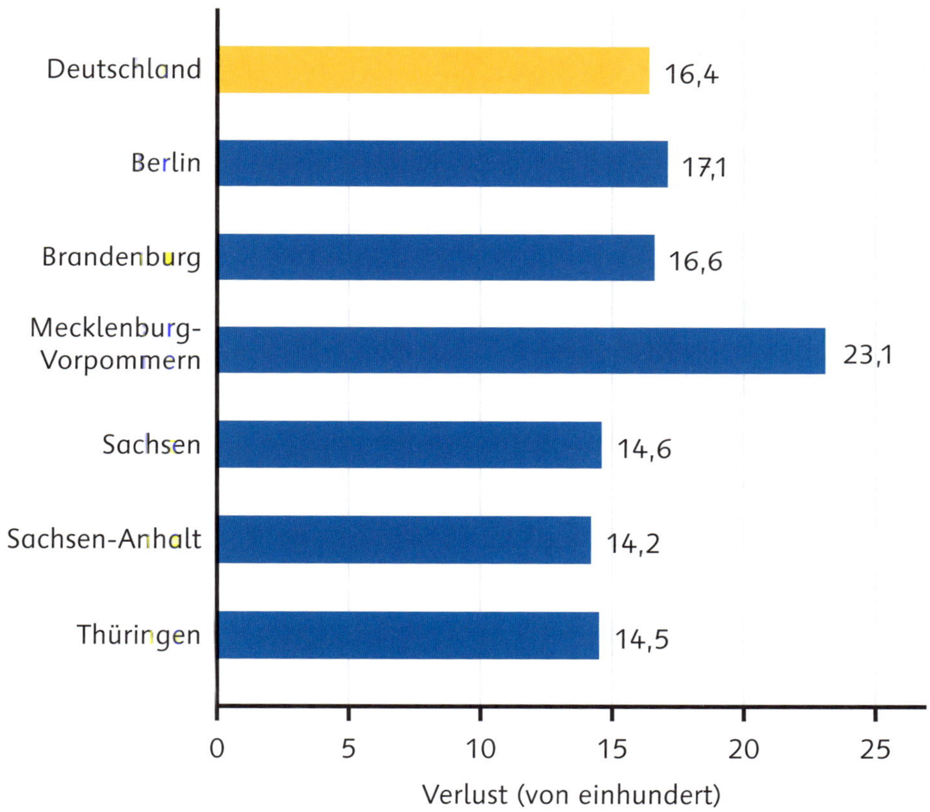

5 Beantworte folgende Fragen in deinem Heft.

1 Worum geht es in dem Balkendiagramm?

2 Welches Bundesland hat die meisten Bienenvölker verloren?

3 Welches Bundesland hat die wenigsten Bienenvölker verloren?

Tipp
Lies die Überschrift.

Tipp
Welcher Balken ist am längsten?

Alltagsgespräche führen

Auskünfte geben und einholen

1 Damit eine Wegbeschreibung zum Ziel führt, solltest du verschiedene Dinge beachten. Ergänze den Lückentext mithilfe des Wortkastens.

Ziel / Startpunkt / Gebäuden / Reihenfolge / Straßennamen / Richtungen

Zu Beginn solltest du den ____________________ und das ____________________ nennen. Wenn du zum Beispiel ____________________ und ____________________ angibst, kann man sich gut orientieren. Die Angabe von Orientierungspunkten wie zum Beispiel auffälligen ____________________ ist hilfreich. Achte darauf, in der richtigen ____________________ zu beschreiben.

2 Verstehe den Inhalt einer Wegbeschreibung.

a Lies den Text.

Wegbeschreibung zum Skaterpark

Gehe vom Hauptbahnhof ungefähr 1 km (einen Kilometer) geradeaus in Richtung Innenstadt/Einkaufszentrum. Danach überquere die Luisenstraße und laufe zum Denkmal. Dort biegst du links ab in Richtung Freibad. Anschließend folge noch ungefähr hundert Meter der Richterstraße bis zum Schild „Skaterpark". An der Ampel biege rechts ab.

b Markiere im Text die folgenden Wörter mit unterschiedlichen Farben.

1 Farbe: Wörter, die eine Richtung vorgeben
2 Farbe: Wörter, die eine Entfernung angeben
3 Farbe: Wörter, die einen Orientierungspunkt benennen

3 Ihr wollt telefonisch beim Skaterpark die Öffnungszeiten erfragen. Überlegt euch ein mögliches Telefonat in Partnerarbeit.

Startet mit: *Guten Tag, mein Name ist ...* ____________________

Tipp
Bedankt euch am Ende des Telefonats und verabschiedet euch.

Mitteilungen schreiben

Offizielle Briefe und E-Mails schreiben

Zu **offiziellen Briefen** und **E-Mails** zählen zum Beispiel **Beschwerdebriefe, Anträge** oder **Bewerbungen.** Sie sollten **knapp, höflich** und **sachlich** formuliert sein. Dort werden die **Anredepronomen Sie** und **Ihr(e)** verwendet. Wichtig sind auch die **fehlerfreie Rechtschreibung** und **Zeichensetzung.**

1 Jonas hat von einem Aktionstag erfahren. Lies seinen offiziellen Brief an den Veranstalter.

Jonas Müller
Kleine Beispielstraße 39
14776 Brandenburg → ____________

Bürgerservice Brandenburg
Mustergasse 25
14776 Brandenburg → ____________

05.09.20.. → ____________

Aktionstag „Sauberer Stadtteil" → ____________

Sehr geehrte Damen und Herren, → ____________

im Internet habe ich Ihren Aufruf zur Teilnahme am Aktionstag „Sauberer Stadtteil" gefunden. Ich möchte in der Schule darüber informieren. Könnten Sie mir bitte Informationsmaterial zu dem Aktionstag zuschicken? → ____________

Ich danke Ihnen im Voraus für Ihre Unterstützung!

Mit freundlichen Grüßen → ____________

Jonas Müller
Jonas Müller → ____________

Klassensprecher der Klasse 7 a

2 Nachrichten an Ämter oder Unternehmen unterscheiden sich von Briefen, die zum Beispiel an Freunde, Familie und Verwandte geschrieben werden.

a Lies zur Gestaltung von offiziellen Briefen den Merkkasten auf der Seite 7.

b Jonas' Brief hat wie alle offiziellen Briefe einen besonderen Aufbau. Nutze die folgende Tabelle, um die Schreiblinien hinter den Klammern im Brief von Jonas richtig zu beschriften.

Bereich	Inhalt
der Absender	die Person, Behörde und ..., die den Brief geschrieben hat, und ihre Adresse Beispiele: Jonas Müller, Gesundheitsamt Dresden
der Empfänger	die Person, Behörde und ..., die den Brief erhalten soll, und ihre Adresse Beispiele: Frau Johanna Müller, Bürgerbüro Magdeburg
das Datum	der Tag, an dem der Brief geschrieben wird Beispiel: 27.03.20..
der Betreff	Anlass des Briefes in Stichworten Beispiele: Reparatur, Bewerbung
die Anrede	bei bekanntem Namen zum Beispiel: Sehr geehrte Frau Müller, Sehr geehrter Herr Müller bei unbekanntem Namen zum Beispiel: Sehr geehrte Damen und Herren Beachte: Nach der Anrede folgen ein Komma und eine Leerzeile.
der Brieftext	sachliche, höfliche und knappe Schilderung des Anliegens
die Grußformel	Beispiele: Mit freundlichen Grüßen, Viele Grüße
die Unterschrift	die Unterschrift des Absenders Beispiel: Jonas Müller

3 Ergänze die Sätze mit der richtigen Form des Anredepronomens.

Ihr / Ihre / Ihren

Wir freuen uns über ________________ schnelle Antwort.

Ich bedanke mich für ________________ letzten Brief.

Wir kommen gern auf ________________ Angebot zurück.

Diskutieren – Meinungen austauschen

Meinungen bilden und begründen

1 Wie kommst du zu deiner Meinung? Was beeinflusst deine Meinung? Tausche dich mit einer Partnerin oder einem Partner aus.

2 Ein Meinungsaustausch kann helfen, sich eine eigene Meinung zu bilden, diese zu überprüfen und sie gegebenenfalls zu ändern.

a Die Klasse 7 a beschäftigt sich seit einiger Zeit damit, wie sie etwas für die Umwelt tun können.
Lies das folgende Gespräch darüber.

Dilay: Was können wir in der Schule tun? Einige Schulen bekommen schon Strom aus Windenergie. Ich finde die Idee faszinierend, dass eine Schule sich selbst mit Strom versorgt und damit etwas für die Umwelt tut!

Leo: Wie funktioniert das denn? Wenn auf dem Schulhof Windräder stehen, sieht das sicher dämlich aus und behindert in der Pause beim Fußball.

Paul: Es gibt doch nicht nur Windanlagen! Man kann auch Sonnenenergie nutzen. Damit kann man sich selbst versorgen.

Leo: Ich finde, es wäre für die Umwelt besser, wenn wir einfach weniger Strom verbrauchen würden.

Paul: Das ist ein guter Ansatz! Ich glaube aber, dass das nicht ausreicht, weil der Strom in Deutschland meist in Kohlekraftwerken und Atomkraftwerken erzeugt wird.

Leo: Und warum ist noch keiner darauf gekommen, anderen Strom für unsere Schule zu nutzen?

Paul: Um die Energie aus Windkraft und Sonnenstrahlung zu nutzen, muss man viel mehr Geld investieren[1] als für anderen Strom.

Leo: Warum ist das so?

Paul: Die Anlagen sind zu Beginn viel teurer.

Dilay: Ich finde aber, dass sich die Ausgaben langfristig lohnen, da sie unsere Umwelt schonen!

[1] **investieren:** Geld einbringen

b Über welches Thema sprechen Dilay, Leo und Paul?
Fasse es mit eigenen Worten zusammen. Schreibe auf.

3 Verbinde die passenden Satzbausteine.

1 Mit einer Meinung		**A** braucht man eine überzeugende Begründung.
2 Um seine Meinung zu vertreten,		**B** den eigenen Standpunkt überzeugend zu verdeutlichen.
3 Beispiele helfen,		**C** drückt man einen persönlichen Standpunkt aus.

4 Jetzt bist du gefragt. Welche Meinung hast du zum Thema **Umweltschutz?**
Schreibe drei Sätze in dein Heft.
Nutze die folgenden Satzanfänge.

Ich denke, dass der Umweltschutz …

Ich finde, dass wir in der Schule für die Umwelt …

Ich bin der Meinung, dass mein Verhalten die Umwelt …

5 Sage deine Meinung zu einem Thema.

a Lies die folgenden Themen.

b Wähle ein Thema aus. Markiere es.

1. In einem Schulgarten könnten wir selbst Obst und Gemüse für die Schulküche anbauen.
2. Wir sollten nur noch Bio-Fleisch essen, damit es den Tieren besser geht.
3. Wenn wir mit Laptops arbeiten würden, könnten wir Papier für Hefte sparen.

c Welche Meinung hast du zu dem markierten Thema?
Sprich mit einer Partnerin oder einem Partner.

6 Informiere dich über das Thema **Energiesparen.**

a Suche im Internet nach Wettbewerben für Schulen, zum Beispiel **Energiesparmeister-Wettbewerb.**

b Nutze die folgenden Fragen, um dich genauer zu informieren:
- Gibt es Preisträgerschulen in deinem Bundesland?
- Welches Projekt einer Schule begeistert dich besonders?
- Wie kann man als Klasse oder Schule an einem Wettbewerb teilnehmen?
- Was gibt es zu gewinnen?

Tipp
Du kannst mit einer Partnerin oder einem Partner zusammenarbeiten.

Schriftlich Stellung nehmen

1 Der folgende Artikel wurde in der Zeitschrift **Junger Naturschützer** abgedruckt.

a Lies den Artikel.

Achtung, Angler!

Die Tierschutzorganisation Peta und der Tierschutzbund machen immer wieder auf das Problem des Angelns als Sport aufmerksam. Grund dafür ist, dass es nach Paragraf 17 des Tierschutzgesetzes verboten ist, Fische ohne vernünftigen Grund zu töten oder ihnen Schmerzen zuzufügen.

Immer wieder werden aber Angelwettbewerbe organisiert. Bei den Wettbewerben geht es darum, den größten und schwersten Fisch an Land zu ziehen. Die Fische werden gefangen, gewogen, fotografiert und wieder ins Wasser gesetzt. Dabei werden den Fischen Schmerzen zugefügt und sie werden verletzt.

Außerdem werden oft Angelhaken und Angelschnüre am Ufer des Sees zurückgelassen, die dann eine Gefahr für andere Tiere darstellen.

b Welchen Standpunkt hat die Tierschutzorganisation zum Angeln als Sport? Markiere im Text.

2 Fabian möchte sich eine eigene Meinung bilden. Er informiert sich über das Angeln.

a Lies Fabians Notizen.

b Schreibe ein Plus (**+**) hinter den Satz, wenn dieser **für das Angeln** spricht. Schreibe ein Minus (**–**) hinter den Satz, wenn dieser **gegen das Angeln** spricht.

1 Angler verbringen viel Zeit in der Natur. ____

2 Beim Angeln wird ausgenutzt, dass Fische auf Nahrungssuche sind. ____

3 Die Fische erleiden Schmerzen und werden verletzt. ____

4 Angelvereine säubern die Ufer und schaffen Brutplätze für bedrohte Fischarten. ____

5 Angeln kann eine entspannende Freizeitbeschäftigung sein. ____

Informationen suchen

Im Internet Auskünfte einholen

1 Den PC, das Tablet oder das Handy kannst du unterschiedlich nutzen. Alle Geräte können dir dabei helfen, Informationen im Internet zu suchen.

a Welche Suchmaschinen hast du schon benutzt? Kreuze an.

- ☐ www.google.de
- ☐ www.ecosia.org
- ☐ www.bing.com

b Was erleichtert die Informationssuche? Kreuze an.

- ☐ Eingabe vollständiger Sätze
- ☐ Eingabe von Nomen/Substantiven oder Wortgruppen

2 Häufig musst du deine Suchergebnisse beurteilen.

a Sammelt in der Gruppe mögliche Suchbegriffe zum Thema **Ostsee.**

Beispiele: Ostsee-Hotel, Ostsee-Grenzen …

b Jede Gruppe arbeitet nun mit einer anderen Suchmaschine. Gebt eure Suchbegriffe nacheinander mit den entsprechenden Zeichen in das Suchfeld ein.

c Vergleicht eure Suchergebnisse mit anderen Gruppen.

1 Wird euch wirklich das Gesuchte angezeigt?

2 Welche Unterschiede stellt ihr bei den Suchergebnissen fest?

3 Welche Gemeinsamkeiten findet ihr?

Tipp für Aufgabe 2 b
Verbessere deine Suche, indem du ein Plus (+) zum Verbinden deiner Suchbegriffe nutzt.

Beispiel: Ostsee+Lage

Möchtest du einen Begriff ausschließen, dann setze ein Minus (–).

Beispiel: Ostsee-Urlaub

3 Beurteilt nun eure Suchergebnisse. Wählt dazu drei Suchergebnisse aus. Prüft die Webseiten. Nutzt dazu den folgenden Merkkasten.

Autorin/Autor: Sind die Personen, die den Text geschrieben haben, mit vollständigem Namen angegeben?
Herkunft: Gibt es Kontaktdaten? Wurde die Seite von einer offiziellen Organisation oder von einer privaten Person erstellt?
Aktualität: Seit wann existiert die Seite? Wann wurde sie zuletzt aktualisiert? Funktionieren angegebene Verlinkungen?
Inhalt: Werden Quellen und Verweise genannt?

Sachtexte lesen

Einem Sachtext Informationen entnehmen

Um schnell einen Überblick über den Inhalt eines Sachtextes zu erhalten, können dir **Schlüsselwörter** helfen. Dies sind **wichtige Wörter,** die dir **erste Informationen** liefern. Manchmal stehen Schlüsselwörter auch schon in der Aufgabe oder in der Frage.

1 Lies in dem folgenden Abschnitt zuerst nur die **fett gedruckten** Schlüsselwörter.

Nicole Schulze-Aissen

Masuren – märchenhafte Seenlandschaft

Abschnitt A
Masurische Seenplatte – märchenhafte Wasserwelt inmitten der Ruhe

Sie ist eine der beliebtesten **Ausflugs- und Urlaubsregionen Mitteleuropas** und ein unvergleichliches **Naturparadies** zugleich: die Landschaft **Masuren** in Polen. […] Stimmt – die Anreise von Deutschland nach Masuren kann sich zeitlich sehen lassen. Aber: Die gut **sieben Stunden** mit dem **Auto** ab Berlin oder mit dem **Flugzeug** über Warschau und dann mit dem Mietwagen weiter lohnen sich. Schneller als in Masuren kann man wohl fast nirgendwo abschalten. Rund um die Masurische Seenplatte erleben Urlauber unberührte **Natur** und **Kultur** und genießen dabei die unglaubliche **Ruhe** des Landstrichs. […]*

2 Lies nun den gesamten **Abschnitt A.**

3 Erschließe den Inhalt.

a Warum lohnt sich die lange Anreise? Schreibe Schlüsselwörter auf.

b Welche Anreisemöglichkeiten werden genannt? Schreibe sie auf.

c Wie lässt sich die Überschrift **Masurische Seenplatte – märchenhafte Wasserwelt inmitten der Ruhe** kürzen? Hier ist Platz für deinen Vorschlag:

4 Lies den nächsten Abschnitt.

Abschnitt B
Masuren und Polen

Viele Deutsche sagen „Wir fahren in die Masuren", das ist aber falsch. Masuren ist ein Teil der Region Ermland-Masuren im Nordosten von Polen. Es heißt also: „Wir fahren nach Masuren." Seinen Namen hat der Landstrich durch das Volk der „Masowier" erhalten, die vor langer Zeit in Polen lebten. […] Die Region grenzt an Russland und Litauen. In Ermland-Masuren leben rund 1,5 Millionen Menschen. Das sind nur 60 Einwohner pro Quadratkilometer. Diese Zahlen verdeutlichen, dass die Landschaft für eine einzigartige Ruhe und Entspannung steht. […]*

5 Erschließe den Inhalt von **Abschnitt B**.

a Kreuze die richtigen Aussagen an.

- ☐ Die Masuren liegen im Nordwesten von Polen.
- ☐ Der Name Masuren stammt aus einer Sage.
- ☐ Die Masowier lebten früher in Polen.
- ☐ Angrenzende Länder sind Russland und Litauen.
- ☐ In Ermland-Masuren leben rund 15 Millionen Menschen.
- ☐ Die Masuren stehen für Ruhe und Entspannung.

b Korrigiere die falschen Aussagen aus Aufgabe 5 a.
Für die Korrektur hilft dir der **Abschnitt B.**
Schreibe die richtigen Antworten auf die Zeilen.

c Würdest du gerne in Masuren Urlaub machen?
Sprich mit einer Partnerin oder einem Partner darüber.

6 Die fast unberührte Natur in Masuren zieht viele Urlauber magisch an.

a Lies den folgenden Abschnitt.

Abschnitt C
Sehenswürdigkeiten in Masuren und Ermland vor allem in der Natur

Ohnehin kommt man in Masuren beim Blick auf die Natur aus dem Staunen nicht mehr heraus. […] Unglaublich: Allein die Hälfte aller Störche in Europa sind in Masuren zu Hause. Die Fahrt durch die malerischen Dörfer wird vom späten Frühjahr bis in den Sommer von einem lautstarken Klapperkonzert begleitet. Auf vielen Dächern nisten die Weißstörche in ihren großen Nestern. Aber auch Seeadler, Fischadler, Wölfe und sogar Elche gibt es in Masuren. Zusammen mit den gelb blühenden Rapsfeldern, den vielen Alleen, Straßenrändern mit rotem Klatschmohn und dem strahlend blauen Himmel ist das eine Landschaft wie im Märchen. […]*

b Welche Tiere kannst du in Masuren beobachten?
Schreibe die Tiere mit Artikel auf.

1 die Weißstörche

2

3

4

5

c Was hat die Natur der Masuren außer den genannten Tierarten noch zu bieten?
Vervollständige die Wörter zu Wortgruppen.

Tipp
Lies den Abschnitt C noch einmal genau.

gelb blühende

Straßenränder mit

strahlend

7 Informiere dich über die geschichtlichen Besonderheiten von Masuren.

a Lass dir von einer Partnerin oder einem Partner etwas über die geschichtlichen Besonderheiten von Masuren berichten.
Die Partnerin oder der Partner sollte im Schülerbuch die Texte **Nikolaiken ist das „Masurische Venedig"** und **Olsztyn: die architektonische Perle in Polen** gelesen haben.

b Wo liegen Nikolaiken und Olsztyn?
Suche im Internet zum Beispiel über die Webseite **https://maps.google.de.**

Tipp
Niklolaiken heißt in der polnischen Sprache etwas anders: Mikołajki.

c Finde mithilfe einer Partnerin oder eines Partners heraus, wie Olsztyn in der deutschen Sprache genannt wird.
Schreibe den deutschen Namen auf.

d An wen könnte der Text über die Masuren gerichtet sein?
Wo könnte ein solcher Text vielleicht zu finden sein?
Schreibe zwei Ideen auf.

8 Es gibt verschiedene Arten von Sachtexten.
Meistens geht es in Sachtexten darum, zu **informieren** und **Wissen** zu **vermitteln.**
In einigen Fällen geht es auch darum, eine **Meinung** zu **verdeutlichen.**
Welche Funktion passt am besten zu den Abschnitten über Masuren? Markiere.

1 auffordern: Reden, Werbeprospekte

2 anweisen: Bedienungsanleitungen

3 festlegen: Gesetze

4 informieren: Zeitungsartikel, Berichte, Reportagen

5 kommentieren: Blogeinträge im Internet, Leserbriefe, Filmkritiken

Die Gliederung eines Textes untersuchen

1 Vielleicht hast du schon mal Geschichten über das Moor und seine Besonderheiten gehört?

a Setze die Wörter aus dem Wortkasten in den Abschnitt ein.

Lebensraum / ausreichend / Land / Bodenlebewesen / abgestorbene / Moor / Würmern

1. Abschnitt

Das Moor ist ein ganz besonderer ________________. Es ist eine Übergangszone zwischen festem ________________ und Wasser. Eine erste wichtige Voraussetzung für die Entstehung des Moores ist: Ohne Wasser gibt es kein ________________. Überall auf der Erde, wo ________________ Wasser vorhanden ist, [...] können Moore entstehen. [...] Eine weitere wichtige Voraussetzung ist, dass ________________ Pflanzen nicht vollständig von ________________ und anderen Bodenlebewesen zersetzt werden.*

b Finde eine Überschrift für den **1. Abschnitt.** Schreibe diese auf.

____

c Welche zwei Voraussetzungen müssen erfüllt sein, damit Moore entstehen können?
Schreibe sie auf.

1. Voraussetzung: ___

2. Voraussetzung: ___

___

d Warum bezeichnet man Moore als Übergangszone?
Schreibe die Antwort auf.

___

___

e Kennst du Torf? Was könnte Torf sein?
Schreibe deine Vermutung auf.

___

2 Was erfährst du noch über die Moore?

a Lies den **2. Abschnitt.**

2. Abschnitt

Kleine Bodentiere fühlen sich nicht wohl, wenn es zu nass und kühl ist. Dann sind die Lebewesen nicht besonders aktiv und zersetzen die Pflanzenreste nicht, die zu Boden fallen. Die Moorpflanzen verrotten dann nicht, sondern sammeln sich am Moorboden als sogenannter Torf an.

Moore gibt es an unterschiedlichen Orten auf der Welt, zum Beispiel jenseits des Polarkreises und in den Regenwäldern gibt es Moore.*

b Warum sind die kleinen Bodentiere manchmal nicht besonders aktiv?
Markiere die Antwort im 2. Abschnitt.

c Finde eine Überschrift für den 2. Abschnitt.
Schreibe sie auf.

___

d Was versteht man unter sogenanntem Torf?
Ergänze den folgenden Satz.

Wenn Moorpflanzen nicht

e An welchen Orten der Welt können Moore entstehen?
Schreibe auf.

Tipp
Am Ende des 2. Abschnitts findest du Hinweise.

3 Gibt es Leben im Moor?
Tausche dich mit einer Partnerin oder einem Partner über deine Vermutung aus.

4 Ist das Moor ein guter Lebensraum für Tiere und Pflanzen?

a Lies den **3. Abschnitt.**

3. Abschnitt

Wie ein Moor entsteht, war lange Zeit ein Rätsel. […] Nach dem Ende der letzten Eiszeit erwärmte sich das Klima wieder. In vielen Gebieten begann die Moorbildung. Aufgrund ihrer Eigenheiten wachsen in einigen Mooren seltene Pflanzen. Bestimmte Moore hingegen bieten auch Rückzugsgebiete für viele bedrohte Tierarten. Gleichzeitig existieren Moore, in denen kaum Tiere leben. Das Moor ist und bleibt also besonders.*

b Welche Tiere können im Moor leben?
- Informiere dich im Internet.
- Schreibe mindestens fünf Tiere auf.

Tipp
Hilfreich sind zum Beispiel die Informationen des Bundes für Umwelt und Natur Deutschland (kurz: BUND).

5 Das Moor – ein großer Schwamm?

a Lies den **4. Abschnitt.**

4. Abschnitt

Moore können sehr schnell große Mengen Wasser aufnehmen und es langsam wieder abgeben. Sie bestehen aus bis zu 200 Meter dicken Erdschichtungen.
Wenn es viel regnet, können Moore daher bis zu einem ganzen Meter „aufschwimmen".
Wird das Wasser dann ganz langsam abgegeben, sinkt das Moor wieder zusammen.
Moore helfen uns als sehr gute Wasserspeicher.
Aus diesem Grund bezeichneten Wissenschaftler Moore schon vor vielen Jahrhunderten als „große Schwämme".*

b Wovor schützen uns die Moore zum Beispiel?
Schreibe auf.

Tipp
Denke an große Naturkatastrophen.

c Wie gelingt es den Mooren, so viel Wasser zu speichern?
Kreuze die richtige Antwort an.

- ☐ Sie lassen das Wasser besonders schnell verdunsten.
- ☐ Sie können durch unterirdische Gänge Wasser aufnehmen.
- ☐ Die Erdschichtungen nehmen das Wasser wie ein Schwamm auf und geben es nur langsam wieder ab.

1 Verstehe den folgenden Sachtext.

a Lies zuerst nur die **fett gedruckten** Schlüsselwörter.

b Worum geht es in dem Text? Schreibe auf.

____

____

c Finde eine passende **Überschrift zum 1. Abschnitt.** Schreibe auf.

____

1. Abschnitt

Der Mensch benötigt täglich viel **Energie.**

Diese Energie kann aus unterschiedlichen Stoffen gewonnen werden.

Zum Beispiel wird Energie aus **Erdöl** gewonnen.

Möglicherweise ist der **Vorrat** dieser Stoffe irgendwann **aufgebraucht.**

Energie wird der Mensch jedoch weiterhin benötigen, damit die **Heizung** warm wird oder das **Handy aufgeladen** werden kann.

Deshalb wird versucht, **erneuerbare Energien** zu finden. Diese gelten als **unerschöpflich.** Außerdem schaden sie dem Klima der Erde weniger oder gar nicht.

In den letzten Jahren haben sich viele Familien und Unternehmen dazu entschieden, ihren Strom aus erneuerbaren Energien zu beziehen.

Im Jahr 2019 wurden etwa 42 Prozent des Stroms in Deutschland aus erneuerbaren Energien bezogen. Am wichtigsten sind **Wind- und Sonnenenergie.**

Auch **Wasserkraft** zählt zu den erneuerbaren Energien.

2 Bearbeite die folgenden Aufgaben zum **1. Abschnitt.**

a Lies nun den vollständigen Text.

b Warum sucht der Mensch nach erneuerbaren Energien?
Markiere die Antwort im Text.

c Welchen Vorteil bieten erneuerbare Energien? Kreuze an.

- ☐ Erneuerbare Energien kosten weniger Geld.
- ☐ Erneuerbare Energien schonen unser Klima.
- ☐ Erneuerbare Energien senken die Stromkosten.
- ☐ Erneuerbare Energien wie Wind und Sonne sind unbegrenzt vorhanden.

d Welche **drei** wichtigen Quellen für erneuerbare Energien stehen im 1. Abschnitt? Schreibe auf.

3 Lies nun den 2. Abschnitt.

2. Abschnitt

Auf Feldern, Dächern und manchmal sogar an Häuserwänden sieht man Solaranlagen. Solarenergie ist Strom, der aus den Strahlen der Sonne erzeugt wird. Bei der Gewinnung von Sonnenenergie entstehen keine schädlichen Stoffe für die Umwelt und den Menschen.

Neben Sonnenenergie kann auch der Wind genutzt werden, um Energie zu erzeugen. Dafür gibt es überall in Deutschland Wind-Energie-Anlagen. Sogar auf der Nordsee und der Ostsee sind Windparks entstanden. Diese Anlagen können ganze Dörfer mit Energie versorgen. Je höher eine Anlage ist, desto mehr Strom kann sie produzieren. Kleinere Anlagen produzieren weniger Strom. Auch wenn schon viele Windräder Energie erzeugen, ist der Bedarf noch nicht gedeckt. Auch der Wind ist unerschöpflich vorhanden und ist klimaschonend.

4 Bearbeite die folgenden Aufgaben zum **2. Abschnitt.**

a Was ist Solarenergie? Schreibe deine Antwort auf.

Tipp
Am Anfang des 2. Abschnitts findest du Hinweise zur Solarenergie.

b Welche Aussagen stimmen? Kreuze an.

- ☐ Windparks können ganze Dörfer mit Energie versorgen.
- ☐ Je höher eine Wind-Energie-Anlage ist, desto mehr Strom kann sie produzieren.
- ☐ Der Energiebedarf ist über die vorhandenen Windräder vollständig gedeckt.
- ☐ Windkraft ist umweltfreundlich.

Präsentieren

Präsentationen vorbereiten

1 Bei der Vorbereitung einer gelungenen Präsentation gibt es einige Dinge zu beachten.

a Verbinde die zusammengehörenden Satzteile.

1 Sammle zur Vorbereitung		**A** als Stichpunkte auf Zetteln, Karteikarten oder mithilfe von Programmen am Computer.
2 Formuliere wichtige Informationen		**B** Informationen.
3 Suche geeignetes		**C** mit deiner Familie oder Freundinnen/Freunde oder vor dem Spiegel.
4 Übe deine Präsentation		**D** Anschauungsmaterial, wie zum Beispiel Fotos oder Abbildungen, Karten und Videos.

b Zu welchem Thema möchtest du eine Präsentation vorbereiten?
- Das Thema sollte dich interessieren.
- Die Präsentation sollte 5 bis 10 Minuten lang sein.
  Schreibe das Thema auf.

Tipp
Du kannst zum Beispiel ein Hobby, ein Land, ein Tier, einen Film oder eine Sportart vorstellen.

c Möchtest du deine Informationen aus Büchern und Zeitschriften, mit Filmen und Videos oder mithilfe des Internets zusammenstellen? Überlege. Beginne dann mit der Suche.

d Lies deine Informationsquellen gründlich.

e Nach dem gründlichen Lesen kannst du dich an die Reihenfolge zur Vorbereitung aus Aufgabe 1 a halten.

2 Wenn du Textstellen und Bilder aus Büchern, Zeitschriften oder dem Internet übernommen hast, musst du die Quellen angeben.

Tipp
Falls du Quellen aus dem Internet nutzen möchtest, achte auf die Hinweise des Merkkastens auf der Seite 12.

a Lies den Merkkasten.

> Schreibe bei **Büchern,** die du für deine Informationssuche verwendet hast **Autorin/Autor, Titel, Ort, Verlag, Jahr** und die **Seitenzahl,** von der die Information stammt, auf.

b Schreibe die korrekte **Quellenangabe für ein Buch** aus den durcheinandergeratenen Angaben.
Beispiel: Steinfeld, Thomas: Italien – Porträt eines fremden Landes. Berlin: Rowohlt Verlag, 2020, S. 22.

Weltgeschichte / 2000 / Beltz Verlag / Weinheim / Neil Grant / S. 121

c Lies den Merkkasten.

> Bei **Zeitschriften** gibst du an: **Autorin/Autor** (wenn möglich), **Titel** des Artikels, **Titel, Nummer und Jahr der Zeitschrift** und die **Seitenzahl.**

d Schreibe die korrekte **Quellenangabe für eine Zeitschrift** aus den durcheinandergeratenen Angaben.
Beispiel: Take off: Zahlen, bitte! Aus: GEO Special Nr. 5/2018: Rom, Florenz, Mailand, S. 12–13.

S. 35–41 / Aus: GEO Wissen Ernährung Nr. 7/2019: Vegetarisch und vegan / Umstrittene Milch

e Ergänze nun die Quellenangaben für deine Präsentation.

Beschreiben – Teil 1

Vorgänge und Handlungen beschreiben

1 Stelle dir vor, du lebst in einer Gegend, in der Trinkwasser knapp ist. Trinkwasser kann aus Salzwasser gewonnen werden.

a Lies folgende Handlungsanleitung.

Wie du aus Salzwasser Trinkwasser herstellen kannst

Du brauchst einen großen Topf mit einem Deckel und einen Becher aus Metall. Der Becher soll in den Topf passen. Stelle zuerst den Becher in den Topf. Gieße dann langsam und vorsichtig Salzwasser in den Topf. Es darf kein Tropfen in den Becher kommen. Der Becher muss bis zur Hälfte im Salzwasser stehen. Lege jetzt den Deckel mit dem Griff nach unten auf den Topf. Der Becher muss direkt unter dem Deckelgriff stehen. Stelle nun den Topf auf den Herd. Bringe anschließend das Salzwasser mit wenig Hitze zum Kochen. Lass das Wasser etwa eine halbe Stunde kochen. Der Wasserdampf kondensiert[1] am Deckel und tropft in den Becher. Zum Schluss lass das Wasser im Becher abkühlen, bevor du es trinkst.

[1] **kondensiert, kondensieren:** verdampfen

b Markiere die einzelnen Schritte zur Herstellung von Trinkwasser.

c Welche Wörter im Text bringen die Reihenfolge zum Ausdruck? Schreibe auf.

zuerst,

2 Welches Material benötigst du für die Herstellung von Trinkwasser aus Salzwasser? Schreibe aus dem Text heraus.

Vorgangsbeschreibungen oder **Handlungsanleitungen** beginnen mit einer Materialliste. Die einzelnen Vorgänge und Handlungen werden in der **richtigen Reihenfolge** beschrieben. Sie werden im **Präsens** (Gegenwart) verfasst.
Eine Vorgangsbeschreibung/Handlungsanleitung kann **persönlich** geschrieben sein.
Beispiel: Du brauchst einen großen Topf.
Oder sie kann **unpersönlich** geschrieben sein.
Beispiel: Man braucht einen großen Topf.

3 Untersuche die Handlungsanleitung aus Aufgabe 1 genauer.

a In welcher **Zeitform** wurde die Handlungsanleitung geschrieben? Ergänze.

Die Handlungsanleitung wurde im ______ *geschrieben*.

b Wurde die Handlungsanleitung persönlich oder unpersönlich geschrieben? Ergänze.

Die Handlungsanleitung wurde ______ *geschrieben*.

4 Formuliere die Handlungsanleitung um.
- Schreibe sie in **unpersönlicher Ausdrucksweise**, in der **man-Form.**
- Nutze die markierten Teilhandlungen aus Aufgabe 1 b.
- Verwende die Wörter aus Aufgabe 1 c, um die richtige Reihenfolge zum Ausdruck zu bringen.

Zuerst braucht man einen großen Topf ...

Experimente beschreiben

1 Im Chemieunterricht sollt ihr ein Experiment zur Reinigung von Wasser durchführen.

a Es regnet. Das Regenwasser fließt durch die Gullys[1] in die Kanalisation. Was geschieht dann mit dem Regenwasser? Stellt Vermutungen an.

[1] **der Gully**, ein vergitterter Schacht

b Markiere das benötigte Material in dem folgenden Text.

Reinigung von Regenwasser

eine Plasteflasche mit abgeschnittenem Boden / ein Sieb / drei gleich große Gläser / eine Filtertüte / gewaschener grober Kies / gewaschener feiner Kies / Erde mit Zweigen, Steinchen und Blättern / Mische im **ersten Glas Erde mit Wasser.** / Schütte **groben Kies in das Sieb** und stelle es auf das **zweite Glas.** / Drehe die abgeschnittene Flasche um. / Lege die angefeuchtete Filtertüte auf das Flaschenende. / Fülle in die **Filtertüte gewaschenen feinen Kies** und stelle das **Flaschenende** auf das **dritte Glas**. / Gieße einen Teil des Wassers aus dem ersten Glas durch das Sieb. / Gieße einen Teil des gesiebten Wassers aus dem zweiten Glas durch die Filtertüte. / Vergleiche die Sauberkeit des Wassers in den drei Gläsern.

2 Was befindet sich in oder auf den drei Gläsern? Schreibe Sätze auf.

Im ersten Glas …

Tipp
Nutze die **fett gedruckten** Angaben.

Experimente kann man beschreiben, um sie durchzuführen oder ihren Verlauf ausführlich und genau zu dokumentieren.
Je nach Zweck der Beschreibung muss Folgendes enthalten sein:
- das **Ziel** des Experiments,
- die benötigten **Geräte** und **Materialien,**
- die auszuführenden **Handlungen** und **Teilhandlungen** und
- die beobachteten **Ergebnisse.**

Die Beschreibung wird im **Präsens** (Gegenwart) und in **unpersönlicher Ausdrucksweise** verfasst.

3 Beschreibe das Experiment ausführlich und genau.
- Schreibe das Material auf. Nutze deine Ergebnisse von Aufgabe 1 b.
- Formuliere eine Handlungsanleitung. Verwende die **man-Form.**

Ziel des Experiments: Reinigung von Regenwasser untersuchen

Material:

Ablauf des Experiments: Zu Beginn stellt man sich das benötigte Arbeitsmaterial bereit. Nun ...

4 Lies deine Beschreibung einer Partnerin oder einem Partner vor.
Frage nach, ob sie oder er das Experiment nun durchführen könnten.

Berichten

Protokolle schreiben

Ein **Protokoll** ist eine besondere Form des **Berichts,** mit dem man andere Personen kurz, sachlich und genau informiert oder etwas dokumentiert.
Es gibt zum Beispiel **Verlaufsprotokolle,** dazu gehören auch **Versuchsprotokolle.**

1 Das ist ein **Versuchsprotokoll.**

a Sieh dir das Versuchsprotokoll an.

Name: Alexandra Gansen **Klasse:** 7 a **Datum:** 12.10.20..

Aufgabe: Prüfe, ob sich Regenwasser durch einfache Mittel reinigen lässt.

Materialien: Plasteflasche mit abgeschnittenem Boden,
Sieb, Filtertüte,
drei gleich große Gläser,
gewaschener grober und feiner Kies,
Erde mit Zweigen, Steinchen und Blättern

Durchführung: Im ersten Glas wird die Erde mit Wasser gemischt. Dadurch entsteht Regenwasser. …

Beobachtung:

Teilhandlung	Beobachtung
Regenwasser durch Sieb mit grobem Kies gießen	…
…	…

Entsorgung:
Die Versuchsmaterialien werden im Hausmüll entsorgt oder können nach der Reinigung weiterverwendet werden.

Auswertung:
Durch den groben Kies werden die gröberen Teilchen aus dem Regenwasser gefiltert. Der feine Kies filtert auch die feineren Teilchen aus dem Regenwasser.

b Welche Angaben enthält das Versuchsprotokoll?
Schreibe in dein Heft.

Tipp
Wichtige Angaben sind **fett gedruckt.**

Ein **Versuchsprotokoll** ist eine besondere Form des Verlaufsprotokolls.
Es sollte folgende Angaben enthalten:
- **Name, Klasse, Datum,**
- **Aufgabe** oder Fragestellung,
- **Materialien** und **Geräte,**
- **Durchführung** des Experiments,
- **Beobachtungen,**
- **Entsorgung** der Materialien,
- **Auswertung** der Beobachtung.

2 Auch in diesem Experiment geht es um Wasser.
Verbinde die Gliederungspunkte mit den passenden Textbausteinen.

1 die Aufgabe		**A** **vorher (ohne Spülmittel):** Die Büroklammer schwimmt. Die Streichhölzer sind sternförmig auf der Wasseroberfläche. **nachher (mit Spülmittel):** Die Büroklammer sinkt auf den Boden des Glases. Die Streichhölzer schießen in alle Richtungen auseinander.
2 das Material		**B** Lege die Büroklammer vorsichtig auf die Wasseroberfläche des Glases. Tropfe Spülmittel in das Wasser. Lege einige Streichhölzer sternförmig auf die Wasseroberfläche der Schüssel. Tropfe Spülmittel in die Mitte des Sterns.
3 die Durchführung (die Teilhandlungen)		**C** Die Oberflächenspannung des Wassers wird durch das Spülmittel zerstört.
4 die Beobachtung		**D** Die Materialien können über den Hausmüll entsorgt oder nach der Reinigung weiterverwendet werden.
5 die Auswertung		**E** ein Glas Wasser, eine Schüssel Wasser, Streichhölzer, eine Büroklammer, etwas Spülmittel
6 die Entsorgung		**F** Prüfe, ob du die „Wasserhaut" zerstören kannst.

3 Schreibe ein Versuchsprotokoll zu dem Experiment von Aufgabe 2 in dein Heft.

Tipp
Siehe Seite 29.

Über Exkursionen berichten

> Ein **Bericht informiert knapp** und **sachlich über Ereignisse.**
> Schriftliche Berichte werden meist im **Präteritum** (in der Vergangenheit) verfasst.
> In einem Bericht werden **W-Fragen** beantwortet.
> **Worüber** wird berichtet?
> In **welcher** Situation wird berichtet?
> Für **welchen** Zweck wird berichtet?
> Für **wen** wird berichtet?

1 Leon hat für die Webseite der Schule einen Bericht über die Exkursion ins Klärwerk geschrieben.

a Lies Leons Bericht.

Unsere Exkursion nach Stahnsdorf

Unsere Klasse traf sich am Montag, den 6. Mai, um 7:30 Uhr auf dem Bahnhof.

Wir fuhren in das Klärwerk nach Stahnsdorf. Zuerst fuhren wir mit der Bahn und dann mit dem Bus. Zum Schluss liefen wir noch 5 Minuten.

Im Klärwerk begann unser fächerübergreifendes Projekt „Sauberes Wasser".

Von unserem Chemielehrer bekam jede Gruppe einen Auftrag.

Die erste Gruppe befasste sich mit der mechanischen Reinigung des Wassers, eine zweite Gruppe mit der biologischen Reinigung, die dritte Gruppe mit der chemischen Reinigung. Die vierte Gruppe untersuchte, was nach der Reinigung passiert.

Unsere Erkenntnisse schrieben wir in Stichpunkten auf.

Nach der Exkursion sollten wir unser Expertenwissen an unsere Mitschülerinnen und Mitschüler weitergeben. Wir stellten unsere Informationen anschaulich dar.

b Beantworte die Fragen.

1 In wie viele Gruppen wurde die Klasse aufgeteilt? Schreibe einen Satz.

2 Welche Aufträge hatten die einzelnen Gruppen? Schreibe Stichpunkte.

c Beantworte mithilfe des Textes auf Seite 31 die **W-Fragen.**
Schreibe Stichpunkte.

1 Worüber wird berichtet?

___

2 In welcher Situation wird berichtet?

___

3 Für welchen Zweck wird berichtet?

___

___

4 Für wen wird berichtet?

___

___

Tipp
Lies die Aufgabenstellung von Aufgabe 1.

2 Maria ist in den Ferien bei ihrer Tante Lotta.
Die beiden wollen sich die Mineralienausstellung[1] im Nachbarort ansehen.

[1] **die Mineralien:** besondere Steine

a Ordne den **W-Fragen** die Wortgruppen zu.

1 Worüber wird berichtet?		**A** Ausflug in den Ferien
2 In **welcher** Situation wird berichtet?		**B** Artikel über Freizeitaktivität in den Ferien schreiben
3 Für **welchen** Zweck wird berichtet?		**C** Mitschülerinnen und Mitschüler über Mineralienausstellung informieren
4 Für **wen** wird berichtet?		**D** Besuch der Mineralienausstellung auf Schloss Freudenstein in Freiberg

b Schreibe für Maria einen Bericht über den **Besuch in der Mineralienausstellung**.
Nutze die Angaben von Aufgabe 2 a und die folgenden Stichpunkte:
- in den Sommerferien
- fuhren mit dem Auto
- Ausstellung in drei verschiedenen Räumen
- seltene Mineralien in verschiedenen Farben und Formen
- großer, blau strahlender Stein mit kleinen Kristallen

Erzählen

Die Handlung einer Erzählung erschließen

1 Der Erzähltext ist ein Auszug aus einem Jugendbuch.

Lies den Text von Stefanie Höfler.

Mein Sommer mit Mucks

In Deutschland befindet sich in jedem Schwimmbad Chlor im Wasser. Es soll das Wasser desinfizieren[1] und tötet Bakterien und Algen ab. Das ist wichtig, denn an einem sehr heißen Tag habe ich mal über zweihundert Menschen im Freibad gezählt. Und jeder von ihnen hat vorher geschwitzt oder viel Sonnenmilch aufgetragen […].
Viele Menschen sind außerdem zu langsam oder zu faul, das Becken zu verlassen, wenn sie mal müssen. Von oben trudeln Blätter der alten Kastanienbäume ins Bad. Oft fällt auch vom Rand eine Pommes ins Wasser. Diesmal sehe ich im Becken:
1 angebissenen Apfel
1 verlorenen Schlüssel
1 pinkfarbenes Haargummi
1 rote Kinderbadehose.
Noch ist nichts Außergewöhnliches dabei.
Falls ich später mit meiner Schwimmbrille tauchen gehe, werde ich bestimmt noch viel mehr entdecken.
Wirklich, da schwimmen die verrücktesten Dinge.
Einmal habe ich sogar eine tote Ratte hochgetaucht. Keine Ahnung, warum der Bademeister die nicht schon vorher rausgefischt hatte. Vielleicht war es ihm zu eklig. Die Ratte hatte schiefe, gelbe Zähne und ihr linkes Ohr war abgerissen.
[…] Ich sitze gerne im Freibad unter einem Baum und beobachte unbemerkt die Leute. […] Ich zähle mit, wie viele sich vorm Duschen drücken. Dabei steht ein großes Schild am Rand VOR DEM BADEN BITTE DUSCHEN (Jeder Dritte duscht nicht).
Und natürlich sehe ich den Leuten beim Schwimmen zu.
Manche schwimmen so krumm und schräg, dass sie alle zwei Meter jemanden ummähen. Andere paddeln wie Hunde, kommen aber kaum vorwärts.
Und dann die Kinder, die schwimmen lernen.
„Ja, und jetzt die Beine, neiiin, du musst auch die Beine bewegen!!", schreien die Väter ihre übenden Kleinkinder an.

1 **desinfizieren:** reinigen

Heute schluckt auch wieder so ein Kleiner literweise Wasser.
Er schnieft schon lange, bevor ihn der Vater aus dem Wasser zieht.
Die alte Frau mit der veralteten, lila Bademütze hat schon einige Spritzer abgekriegt. Sie guckt, als hätte sie in eine Zitrone gebissen.
Ihr Gesicht kriegt so viele Falten wie ein zerknittertes Blatt Papier.
Aber sonst ist nicht viel los außer [...] zwei Müttern mit zwei ungefähr dreijährigen Jungen.
Die hängen am Rand wie kleine Bisamratten mit orangen Flügeln. [...]*

2 Untersuche die Erzählung jetzt genauer.
In welcher Jahreszeit spielt die Erzählung? Schreibe auf.

3 Untersuche die Figuren der Erzählung.

a Welche Figuren kommen in der Erzählung vor? Markiere farbig.

b Welche Figuren werden genauer beschrieben?
Markiere die Beschreibungen mit einer anderen Farbe.

4 Untersuche die Erzählperspektive.

a Lies zuerst den Merkkasten unter der Aufgabe.

b Aus wessen Sicht wird die Geschichte erzählt? Kreuze an.

☐ Ich-Erzählende

☐ Sie-Erzählerin oder Er-Erzähler

Erzählperspektive: Die Sicht, aus der ein Geschehen erzählt wird.
Sie erklärt, wer spricht.

A Die oder der **Ich-Erzählende** erzählt aus der eigenen Sicht und ist am Geschehen beteiligt. Sie oder er gibt eigene Gedanken und Gefühle wieder.
Beispiel: Ich rannte, so schnell ich konnte. Mein Herz raste. (Ich-Form)

B Eine **Sie-Erzählerin** oder ein **Er-Erzähler** sind nicht am Geschehen beteiligt.
Sie beobachten alles von außen und erzählen in der Sie-Form oder Er-Form.
Beispiele: Sie rannte, so schnell sie konnte. Ihr Herz raste. (Sie-Form)
Er rannte, so schnell er konnte. Sein Herz raste. (Er-Form)

Gedanken und Gefühle der Figuren wiedergeben

1 Lies den Textauszug aus dem Jugendbuch **Mein Sommer mit Mucks.**

[…] Da steht ein Junge am Beckenrand. Er ist **dünn und groß wie eine frisch gepflanzte Birke** und auch genauso weiß. […] Er sieht so alt aus wie ich. Ich **lehne** mich an einen Baum und überlege, ob er einen **Kopfsprung** kann. Plötzlich tauchen die zwei **kleinen Bisamratten** auf. Sie spielen Fangen um das Becken. Die eine rutscht auf dem **nassen Boden** aus und hält sich für einen Augenblick an der Badehose der Birke fest. Dann läuft sie weiter. Die Birke **schwankt,** verliert das Gleichgewicht und **purzelt** ins Wasser. Ich muss grinsen. Aber nicht lange. Denn die Birke schlägt um sich und **strampelt** wild. Das sieht nicht nach Spaß aus. Weit und breit ist kein Bademeister da und die anderen Leute sind zu weit weg. Also springe ich, mitsamt T-Shirt, Hose und Sandalen, und lande mit Geplatsche direkt neben der Birke. Ich packe den Jungen unter den Achseln, weil ich sofort an den „Achselschleppgriff" denke […]. „Ruhig bleiben", sage ich dabei möglichst laut, vielleicht auch, um mich selbst zu beruhigen. […] Endlich habe ich den Jungen im **Klammergriff,** und er lässt sich zum Rand ziehen. Dort stemmen wir uns beide mit letzter Kraft aus dem Wasser. Völlig erschöpft sitzen wir nebeneinander, jeder in seiner eigenen **kleinen Pfütze.** Meine Kleider und Haare **triefen.** Er ist noch blasser als vorher. […] Es dauert eine Minute, bis wir beide wieder zu Atem kommen. Dann gibt er mir die Hand. „Danke", sagt er. Und dann: „Mucks. Das bin ich." […] Er lächelt überhaupt nicht. Nicht mal ein winziges bisschen. Er hat Schatten unter den Augen. Die Augen selbst sind rot gerändert, aber leuchtend **hellblau wie das Schwimmbadwasser.** […] Ich **blase** die Backen auf und lasse dann die Luft langsam heraus. „Zonja. Aber mit Z." Die Birke nickt mir zu. […]*

Die **sichtbare Situation** ist die **äußere Handlung.**
Die **innere Handlung** ist **unsichtbar.** Es sind die **Gedanken und Gefühle** der Figuren.

2 Untersuche die **innere Handlung** genauer.
Welche **Gedanken und Gefühle** hat Zonja, als sie Mucks rettet?
- Schreibe die grauen Textstellen in dein Heft.
- Ordne die Gefühle aus dem Kasten passend zu.

~~Belustigung~~ / Schreck / Panik / klare Überlegung / Beruhigung / Erschöpfung

Beginne so: *„Ich muss grinsen." (Zeile 9) → Belustigung*

Eine Inhaltsangabe schreiben

1 Marie hat für ihre Buchvorstellung eine Inhaltsangabe geschrieben.
Lies Maries Text.

Der Jugendroman **„Elektrische Fische"** von **Susann Kreller** ist 2019 erschienen. Im Mittelpunkt der Geschichte stehen **Emma und ihre Familie,** die sich an ein neues Leben gewöhnen müssen. Erzählt wird das Geschehen **aus der Sicht von Emma.**

Die Geschichte beginnt **im Auto des deutschen Großvaters,** der die Neuankömmlinge vom Flughafen abgeholt hat. Emma musste gegen ihren Willen mit Mutter und Geschwistern von Irland zu den deutschen Großeltern nach Mecklenburg-Vorpommern ziehen. Dort fühlt sie sich sehr fremd. Sie möchte so schnell wie möglich zurück in ihr gewohntes Leben. Ihr neuer Mitschüler **Levin** hat viel Verständnis für Emma. Mit ihm **schmiedet sie Fluchtpläne.** Aber irgendwann beginnen beide, an ihren Plänen zu zweifeln.

Ich möchte euch das Buch vorstellen, weil es viel über das Denken und Fühlen der Figuren erzählt. Besonders interessant finde ich **Emmas Sicht auf das Leben und die Landschaft in dem ihr fremden Deutschland.**

2 Fülle den Lückentext aus.
Nimm dafür die Informationen aus Maries Inhaltsangabe.

Die Erzählung hat den Titel ________________________________.

Sie wurde von ________________________________ geschrieben.

Im Mittelpunkt der Erzählung stehen ________________________________.

Außerdem ist noch ihr neuer Mitschüler ________________________________ wichtig.

Erzählt wird das Geschehen aus der Sicht von ________________________________.

Emma erzählt vor allem davon, wie sie mit ihrem Mitschüler ________________________________

____.

Die Geschichte beginnt ________________________________.

Besonders interessant finde ich ________________________________.

Geschichten spannend erzählen

1 Untersuche die äußere Handlung.

a Lies noch einmal den Text auf der Seite 35, Aufgabe 1, wie Zonja im Freibad Mucks rettet.

b Nummeriere die Stichpunkte in der richtigen Reihenfolge der Handlung.

- [ ] Mucks bedankt sich
- [1] fremder Junge am Beckenrand
- [ ] ich bin Zonja
- [ ] „Bisamratten" spielen Fangen
- [ ] mit letzter Kraft gerettet
- [ ] „Birke" platscht ins Wasser

2 Lies den Merkkasten genau.

> Durch **sprachliche Mittel** kann man eine Erzählung besonders gut nacherleben:
> - **treffende Verben** (Tätigkeitswörter)
>
> Beispiele: statt sagen: flüstern, murmeln, brabbeln, stottern
> - **anschauliche Adjektive** (Eigenschaftswörter) vor Nomen/Substantive setzen
>
> Beispiele: riesige Wellen, klobige Felssteine
> - **anschauliche Nomen/Substantive**, Beispiele: Bruchbude, Holztisch
> - **Vergleiche**, Beispiele: hüpfen **wie** ein Frosch, singen **wie** eine Nachtigall

3 Finde verschiedene sprachliche Mittel im Text auf der Seite 35.

Tipp
Die **fett gedruckten** Wörter im Text helfen dir.

a Suche drei **treffende Verben** aus dem Text. Schreibe sie auf.

b Suche zwei **anschauliche Adjektive** aus dem Text heraus. Schreibe sie **mit den passenden Nomen/Substantiven** auf.

c Schreibe zwei **anschauliche Nomen/Substantive** aus dem Text auf.

d Finde einen **Vergleich** im Text. Schreibe ihn auf.

Eine Schreibwerkstatt durchführen

In einer **Schreibwerkstatt** steht der Spaß am gemeinsamen Schreiben im Mittelpunkt. Wie in einer Werkstatt wird gemeinsam an Texten gearbeitet. Die einzelnen Arbeitsschritte sind das Werkzeug und die Sprache ist das Material.

1 Es gibt verschiedene Möglichkeiten, Texte gemeinsam zu planen und zu gestalten. Wählt entweder die Aufgabe 2 oder die Aufgabe 3.

2 Bringt interessante Gegenstände oder Bilder mit, mit denen ihr euch in eurer Freizeit beschäftigt.

a Wählt einen Gegenstand oder ein Bild aus.

b Was fällt euch zu dem Bild oder dem Gegenstand ein? Schreibt die Ideen auf.

Tipp
Jeder in der Gruppe sagt, was ihm zu dem Gegenstand oder dem Bild einfällt. Oder notiert eure Ideen in einem Cluster.

c Vergleicht eure Notizen. Ergänzt und überarbeitet sie.

d Schreibt einen Tagebucheintrag mithilfe der Notizen.
Beginnt so:

Liebes Tagebuch, heute habe ich etwas Besonderes gemacht.

e Überarbeitet eure Texte gemeinsam.
Achtet auf treffende Verben und Adjektive.

f Präsentiert die fertigen Texte.
Hierzu könnt ihr auch eine Wandzeitung oder eine Mappe gestalten.

3 Erstellt eine Fließbanderzählung.

a
- Schreibt auf einem extra Blatt einen möglichen Anfangssatz auf.
- Gebt das Blatt weiter.
- Jeder ergänzt immer nur **einen** passenden Satz.

Beispiel für den Anfangssatz: *Draußen war es seit Tagen windig …*

b Wie wollt ihr die Erzählung beenden? Schreibt einen Schluss auf.

c Welche Überschrift passt zu der Erzählung? Schreibt auf.

Beschreiben – Teil 2

Literarische Figuren beschreiben

Oft werden die wichtigsten **handelnden Personen (literarische Figuren)** in einer Geschichte genau **beschrieben.** So kann man sich die Figur beim Lesen oder Hören gut vorstellen. Die **äußeren Merkmale** der Figuren werden genau benannt: Gesamterscheinung, Einzelheiten, besondere Merkmale.

1 Das Buch **Mein Sommer mit Mucks** von Stefanie Höfler kennst du schon.

a Lies den folgenden Textauszug. Zonja begegnet Mucks hier das erste Mal.

[...] Und da steht noch einer am Beckenrand. Ein Junge, dünn und groß wie die frisch gepflanzten Birken vorm Friedhof und auch genauso weiß. Mit grasgrüner Badehose und rotblonden Haarsträhnen, die wild vom Kopf abstehen. Aber auch die Ohren stehen vom Kopf ab. Solche abstehenden Ohren habe ich noch nie gesehen. Da ich ihn von hinten sehe, kann ich das besonders gut beurteilen. Denn die Sonne durchleuchtet seine Ohren orangerot. Es sieht aus, als hätte er zwei kleine untergehende Sonnen seitlich an seinem Kopf befestigt. Mit diesen Leuchtohren und seiner merkwürdigen Figur sieht er aus wie ein Außerirdischer, der gerade mit seinem Raumschiff mitten im Freibad gelandet ist. [...] Er sieht aus, als wäre er so alt wie ich, aber ich habe ihn noch nie hier gesehen. Ich lehne mich an die große Kastanie an der Ecke des Schwimmbeckens. Ich kaue auf einem Grashalm herum und warte darauf, dass er ins Wasser hüpft. Mal sehen, ob er Kopfsprung kann. [...]*

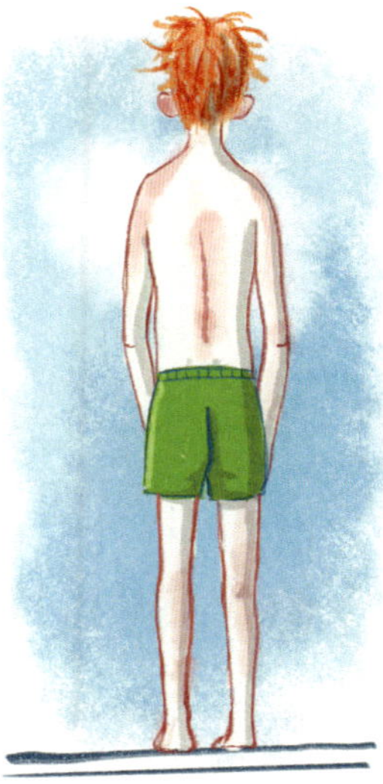

b Welche Textstellen beschreiben Mucks? Unterstreiche sie.

c Markiere in deinen unterstrichenen Textstellen sechs anschauliche Adjektive farbig.

d Markiere in deinen unterstrichenen Textstellen sechs treffende Verben mit einer anderen Farbe.

Kreatives Schreiben

1 Lies auch diesen Text aus dem Jugendbuch **Mein Sommer mit Mucks.**

Der männliche, afrikanische Elefant ist ein Einzelgänger. Er trifft nur einmal im Jahr für eine kurze Zeit auf die Elefantenherde zur Familiengründung. Dann spaziert er wieder alleine durch die Steppe. […] Es gibt noch mehr Einzelgänger: Igel, Streifenhörnchen, männliche Höckerschildkröten und der Blauwal, das größte lebende Säugetier. Also, warum nicht auch ich? Meistens denke ich, dass meine Eltern schuld daran sind, weil sie mich Zonja genannt haben. Mit Z. Jemand, der Zonja heißt, muss einfach einsam wie ein Blauwal sein. […] Vielleicht sollte ich an dieser Stelle gestehen, dass mein Einzelgängertum vielleicht auch an mir liegen könnte. Als Klassen-Idol bin ich nämlich ungeeignet. Meine blonden, schulterlangen Haare sind zu dünn und meine Augen zu klein. Und ich habe Angst vor den falschen Dingen. Vor zu großen Hunden, vor zu lauten Mitschülern und vor wütenden Lehrern […]. Vor allem aber bin ich sehr neugierig. […] Ich interessiere mich für absolut alles. Ich liebe Statistiken und schwierige Wörter. Und ich sammle Fragen, auf die ich eine Antwort finden will. […]*

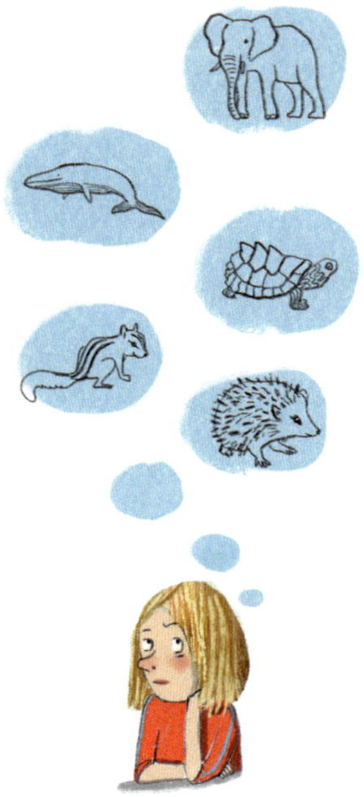

2 Beantworte folgende Fragen.
Schreibe die Antworten in Stichpunkten auf.

1 Welche Tiere nennt Zonja Einzelgänger?

2 Wem gibt Zonja die Schuld daran, dass sie Einzelgängerin ist?

3 Mit welchem Tier vergleicht Zonja sich?

4 Zonja glaubt, ihre Einsamkeit könnte auch einen anderen Grund haben. Welchen?

3 Jeder Mensch kennt das Gefühl von Einsamkeit.
Wann oder wobei hast du dich schon einmal einsam gefühlt? Schreibe auf.

4 Im Text sind einige Wörter gelb markiert.

a Handelt es sich um **Adjektive, Nomen/Substantive** oder **Verben?**
Markiere die richtige Antwort.

b Schreibe die Wörter heraus.

5 Andere Wörter sind grün markiert.

a Handelt es sich um **Adjektive, Nomen/Substantive** oder **Verben?**
Markiere die richtige Antwort.

b Schreibe die Wörter heraus.

c Eine Textstelle ist rot markiert.

Was stimmt? Kreuze an.

Es ist …

- ☐ ein Vers.
- ☐ ein Vergleich.
- ☐ ein Adjektiv.

Gedichte hören und lesen

Über Gedichte sprechen – Gedichte erschließen

Tipp
Die Großschreibung an den Zeilenanfängen ist eine besondere Schreibart des Dichters.

1 Lies das Gedicht **Mittag.**

Theodor Fontane (1819–1998)

Mittag

Am Waldessaume träumt die Föhre[1],
Am Himmel weiße Wölkchen nur.
Es ist so still, dass ich sie höre,
Die tiefe Stille der Natur.

Rings Sonnenschein auf Wies' und Wegen,
Die Wipfel[2] stumm, kein Lüftchen wach,
Und doch, es klingt, als ström ein Regen
Leis tönend auf das Blätterdach.

1 **die Föhre:** die Kiefer

2 **die Wipfel:** die Spitzen von Bäumen

2 In Gedichten werden oft bestimmte Stimmungen zum Ausdruck gebracht.

a Wie wirkt das Gedicht auf dich? Beschreibe es in einem Satz.

fröhlich / ruhig / sommerlich / friedlich

b Schreibe zwei Sätze zur **Form** des Gedichts.
– Wie viele **Strophen** hat das Gedicht?
– Welches **Reimschema** hat der Dichter verwendet?

Tipp
Nutze den Merkkasten auf Seite 44.

c Worum geht es in dem Gedicht? Schreibe auf.

Tipp
Jahreszeit / Beschreibung der Natur

Gedichte sind lyrische Texte, die sich durch eine besondere Gestaltung von Inhalt, Sprache und Form auszeichnen. Wichtige **Gestaltungsmittel** sind:
- **Verse:** rhythmisch gestaltete Zeilen,
- **Strophen:** Abschnitte aus einer bestimmten Anzahl von Versen,
- **Reime:** Gleichklang von Wörtern nach einem bestimmten Reimschema, Beispiele: Paarreim (zwei aufeinanderfolgende Verse reimen sich: a a b b), Kreuzreim (ein Vers reimt sich mit dem übernächsten: a b a b), umarmender Reim (ein Reim wird von einem anderen Reim umschlossen: a b b a),
- **Zeilensprünge:** Sätze bzw. Teilsätze gehen in eine neue Zeile über,
- **bildhafte Sprache: sprachliche Bilder** (Beispiel: leuchtende Augen),
- **Metaphern** (Beispiel: ein grünes Dach),
- **Vergleiche** (Beispiel: hell wie das Licht).

3 Lies das Gedicht **Wandrers Nachtlied.**

Johann Wolfgang von Goethe (1749–1832)

Wandrers Nachtlied

Über allen Gipfeln
Ist Ruh, /
In allen Wipfeln
Spürest du
Kaum einen Hauch;
Die Vögelein schweigen im Walde.
Warte nur, balde
Ruhest du auch.

Tipp
Die Großschreibung an den Zeilenanfängen ist eine besondere Schreibart des Dichters.

4 Untersuche den **Aufbau** des Gedichts.

a Ergänze die Sätze.

1 Das Gedicht hat ___________ Strophen.

2 Es besteht aus ___________ Versen.

b In dem Gedicht gibt es **Zeilensprünge.**
Wann ist ein Teilsatz oder Satz beendet?
Markiere im Gedicht.

Tipp für Aufgabe 4 b
In dem Gedicht siehst du ein Beispiel in Vers 2.

c Schreibe sie jeweils in einer Zeile in dein Heft.

Über allen Gipfeln ist Ruh,

Gedichte miteinander vergleichen

1 Lies die Gedichte **Der Baum** und **Der Wald.**

Eugen Roth (1895–1976)

Der Baum

1 Zu fällen einen schönen Baum,
2 braucht's eine Viertelstunde kaum.
3 Zu wachsen, bis man ihn bewundert,
4 braucht er, bedenkt es, ein Jahrhundert.

Siddharta Gautama Buddha (um 560 vor Christi bis etwa 680 vor Christi)

Der Wald

1 Der Wald ist ein besonderes Wesen,
2 von unbeschreiblicher Güte und Zuneigung,
3 das keine Forderungen stellt
4 und großzügig die Erzeugnisse
5 seines Lebenswerkes weitergibt;
6 allen Geschöpfen bietet er Schutz
7 und spendet Schatten selbst dem Holzfäller,
8 der ihn zerstört.

2 Vergleiche die beiden Gedichte **Der Baum** und **Der Wald.**

a Übertrage die Tabelle in dein Heft.

b Fülle die Tabelle aus.

Tipp
Nutze den Merkkasten auf der Seite 44.

	Der Baum	**Der Wald**
Dichter	Eugen Roth	Siddharta Gautama Buddha
Thema Worum geht es in dem Gedicht?	...	...
Stimmung Wie wirkt das Gedicht auf dich?	...	...
Anzahl der Strophen	...	...
Anzahl der Verse	...	...
Reimschema	...	...

Balladen hören und lesen

Über Balladen sprechen – Balladen erschließen

1 Lies das folgende besondere Gedicht. Es ist eine Ballade.

Friedrich Schiller (1759–1805)

Der Handschuh

Vor seinem Löwengarten,
Das Kampfspiel zu erwarten,
Saß König Franz,
Und um ihn die Großen der Krone,
Und rings auf hohem Balkone
Die Damen in schönem Kranz.

Und wie er winkt mit dem Finger,
Auf tut sich der weite Zwinger,
Und hinein mit bedächtigem Schritt
Ein Löwe tritt,
Und sieht sich stumm
Rings um,
Mit langem Gähnen,
Und schüttelt die Mähnen,
Und streckt die Glieder,
Und legt sich nieder.

Und der König winkt wieder,

Da öffnet sich behänd[1]
Ein zweites Tor,
Daraus rennt
Mit wildem Sprunge
Ein Tiger hervor.
Wie der den Löwen erschaut,
Brüllt er laut,
Schlägt mit dem Schweif[2]
Einen furchtbaren Reif,
Und recket die Zunge,
Und im Kreise scheu

Umgeht er den Leu[3]

1 **behänd:** schnell

2 **der Schweif:** hier: der Schwanz des Tigers

3 **der Leu:** der Löwe

Grimmig schnurrend,
Drauf streckt er sich murrend
Zur Seite nieder.

Und der König winkt wieder,
Da speit das doppelt geöffnete Haus
Zwei Leoparden auf einmal aus,
Die stürzen mit mutiger Kampfbegier
Auf das Tigertier,
Das packt sie mit seinen grimmigen Tatzen,
Und der Leu mit Gebrüll
Richtet sich auf, da wird's still,
Und herum im Kreis,
Von Mordsucht heiß,
Lagern die gräulichen Katzen.

Da fällt von des Altans[4] Rand
Ein Handschuh von schöner Hand
Zwischen den Tiger und den Leun
Mitten hinein.

4 **der Altan (italienisch):** der Balkon

2 Welche Tiere nehmen am Kampfspiel teil?
Wie werden sie beschrieben?

a Markiere die Antworten zu den beiden Fragen im Text.

b Schreibe die Antworten in dein Heft.
Formuliere eigene Sätze.

Und zu Ritter Delorges spottenderweis[5]
Wendet sich Fräulein Kunigund:
„Herr Ritter, ist Eure Liebe so heiß,
Wie Ihr mir's schwört zu jeder Stund,
Ei, so hebt mir den Handschuh auf."

5 **spottenderweis:** provozierend

Und der Ritter in schnellem Lauf
Steigt hinab in den furchtbaren Zwinger
Mit festem Schritte,
Und aus der Ungeheuer Mitte

Nimmt er den Handschuh mit keckem[6] Finger.

6 **keck:** mutig, geschickt

Und mit Erstaunen und mit Grauen
Sehen's die Ritter und Edelfrauen,
Und gelassen bringt er den Handschuh zurück.
Da schallt ihm sein Lob aus jedem Munde,
Aber mit zärtlichem Liebesblick –
Er verheißt ihm sein nahes Glück –
Empfängt ihn Fräulein Kunigunde.

Und er wirft ihr den Handschuh ins Gesicht:
„Den Dank, Dame, begehr[7] ich nicht!"
Und verlässt sie zur selben Stunde.

[7] **begehr:** will

3 Untersuche die handelnden Figuren genauer.
- Wer tritt auf?
- Wie wird das Auftreten der Figuren beschrieben?

a Zeichne die Tabelle in dein Heft.

b Fülle die Tabelle aus.

Tipp
Ritter Delorges / Ritter und Edelfrauen / Fräulein Kunigund

handelnde Figur/Figuren	Auftreten der Figuren
König	*umgeben von wichtigen Adligen und hübschen Damen*
...	...

4 Wie könnte die Handlung weitergehen, nachdem der Ritter die Dame verlassen hat? Schreibe drei Sätze in dein Heft.

5 Dies ist eine alte Abbildung zu der Ballade **Der Handschuh.**

a Sieh dir die Abbildung an.

b Was erkennst du? Beschreibe es einer Partnerin oder einem Partner.

„Der Handschuh" (Kupferstich von Wilhelm Jury nach Johann Heinrich Ramberg, 1809)

Medienverbünde kennen lernen

1 Geschichten gibt es in verschiedenen Formen.

a Welche Formen sind dir bekannt? Markiere.

- **gedruckt** (also zum Lesen): zum Beispiel in Büchern oder Zeitschriften
- **gesprochen:** zum Beispiel als Hörbuch oder Hörspiel
- **zum Hören und Sehen:** zum Beispiel als Film, Lernmaterial, Computerspiel

b Welche Form nutzt du am liebsten? Schreibe auf.

Medien sind zum Beispiel Buch, Zeitung, Hörfunk, Film und Fernsehen, Computer.
Es gibt **Printmedien** (zum Lesen) und **audiovisuelle Medien** (zum Hören und Sehen).
Ein **Medienverbund** besteht aus mehreren Medien, zum Beispiel Buch, Hörbuch, Film, Lernmaterial und Spielmaterial.

2 Zu vielen Kinderbüchern und Jugendbüchern gibt es einen Medienverbund. Zum Beispiel gibt es zum Buch **Simpel** auch ein Hörbuch und einen Film. Recherchiere dazu im Internet.

3 Welche Hörbücher und Hörspiele kennst du?

a Schreibe auf.

b Sprich mit einer Partnerin oder einem Partner über die folgenden Fragen:
- Wann und wo hört ihr gern Hörspiele und Hörbücher?
- Wo bekommt ihr eure Hörspiele und Hörbücher her?

Hörspiele untersuchen und gestalten

Über Hörspiele sprechen – Hörspiele erschließen

1 Lies den Beginn des Romans **Simpel.**

Marie-Aude Murail

Simpel

Colbert[1] beobachtete seinen Bruder von der Seite.
Simpel machte das Geräusch der **U-Bahn-Türen** nach:
„Piiiiii …klapp."
An der Station stieg ein Mann ein und setzte sich neben Colbert.
Er hielt einen Schäferhund an der Leine.
Simpel rutschte auf dem Sitz hin und her.
„Der hat ein' Hund.", sagte er. […]
„Ja, ja", antwortete Colbert. […]
„Darf ich den streicheln?", fragte Simpel und streckte die Hand nach dem Hund aus.
„Nein", knurrte Colbert.
Der Mann sah die beiden Brüder an.
„Also ich hab ein' Hase", sagte Simpel.
„Red doch nicht mit fremden Leuten", schimpfte Colbert.
Dann gab er sich einen Ruck und sagte zu dem Mann mit dem Hund: „Entschuldigen Sie, mein Bruder ist geistig behindert."
„Ein I-di-ot", erklärte Simpel und betonte dabei jede Silbe.
Der Mann mit dem Hund stand auf. **An der nächsten Station stieg er aus.**
„Arschloch", schimpfte Colbert.
„Oh, oh, böses Wort", sagte sein Bruder.
Colbert […] blickte auf die Uhr. Simpel zog die Ärmel seines Shirts hoch und sah auf seine Handgelenke. „Also ich hab keine Uhr."
„Du weißt ganz genau, warum." […]
„Warum hab ich keine Uhr?"
„Du hast sie kaputtgemacht. Du hast nachgeguckt, ob ein Männchen drin ist, erinnerst du dich?"
„Oh, jaaaaaaaa", quietschte Simpel und strahlte. „Und war ein Männchen drin?"
„Neinnnn!", brüllte Simpel mit der gleichen Begeisterung. […]*

[1] **Colbert (sprich: Kolbär):** ein französischer männlicher Vorname

2 Besorgt euch das Hörbuch **Simpel** oder sucht im Internet nach einer Hörprobe.

a Hört euch den Beginn an.

b Hat sich euer erster Eindruck durch das Hören verändert? Sprecht darüber.

3 Untersuche den Hörbuchauszug jetzt genauer.

a Höre den Hörbuchauszug noch einmal.

b Beantworte die folgenden Fragen.

> **Tipp für Aufgabe b**
> Die **fett gedruckten** Stellen im Text helfen dir.

1 Welche drei Figuren spielen mit?

____

2 In welcher Beziehung stehen die Figuren zueinander?
Sind es Freunde, Fremde, Brüder, Schwestern oder Eltern und Kinder?

Der Mann und die beiden Jungen sind ______________________________.

Die beiden Jungen sind ______________________________.

3 Wo findet die Handlung statt?

____

4 Beim Sprechen kann man auf verschiedene Art Spannung erzeugen.

a Höre den Textausschnitt ein drittes Mal.

b Trage die folgenden Beispiele passend in die Tabelle ein.

hoch / tief / langsam / leise / flüsternd / brummend / kurze Pausen / betont / quietschend / stockend / unbetont / schnell / flüssig / laut / schreiend / lange Pausen

Mittel des Sprechers	Beispiele
Tempo	
Betonung	
Stimme	
Lautstärke	
Pausen	

Hörspiele produzieren

1 Zum Roman **Simpel** gibt es ein Hörbuch und ein Hörspiel.

a Lies den Text.

Bei einem **Hörspiel** haben verschiedene Berufsgruppen unterschiedliche Aufgaben. Am bekanntesten sind dabei wohl die **Sprecherinnen und Sprecher**. Sie übernehmen die verschiedenen Rollen und proben mehrmals das Lesen der Dialoge und Szenen. Außerdem setzen sie die Regieanweisungen mit ihrer Stimme um. Ein weiterer Bereich ist die **Tontechnik.** Dort arbeiten viele Menschen. Hier kommt es besonders auf eine gute Qualität des Klanges an. Die Klänge und Geräusche machen **Geräuschemacherinnen und Geräuschemacher.** Sie überlegen, wie sie die notwendigen Geräusche nachahmen können. Die **Audio-Designerinnen und Audio-Designer** sorgen für den passenden Soundtrack. Oder sie fügen vorhandene Musikstücke zusammen. Sie beachten hierbei die Stimmung in der jeweiligen Szene, zum Beispiel, ob es fröhlich zugeht oder ob es gefährlich ist. Bevor man ein Hörspiel produzieren kann, muss allerdings als erster Schritt von **Autorinnen und Autoren** ein Hörspieltext erstellt werden.

b Welche Berufsgruppen braucht man zum Erstellen eines **Hörspiels?** Markiere farbig.

c Welche Aufgaben haben die einzelnen Berufsgruppen? Unterstreiche.

2 Welche fünf Berufsgruppen sind beim Erstellen eines Hörspiels wichtig? Schreibe auf.

1. Sprecherinnen und Sprecher, 2. ...

Geräusche selbst erzeugen

> Zu einem **Hörspiel** gehören die **Sprecherinnen und Sprecher,** die **Musik** und auch immer die passenden **Geräusche.**
> So kann man eine Szene möglichst echt nachstellen.
> Geräusche kann man selbst erzeugen und aufnehmen.
> Man kann aber auch eine Datenbank nutzen.

1 Wie kannst du selbst Geräusche erzeugen?

a Lies die Vorschläge.

Feuer:	eine Folie dicht vor dem Mikrofon zerknüllen oder kleine Zweige zerbrechen, sodass es leise knackt
Wind:	leicht über den Rand einer Flasche pusten
Regen:	rohen Reis oder Erbsen in eine Pappschachtel oder Blechdose rieseln lassen
Donner:	Haselnüsse oder Murmeln in einen Luftballon stecken, aufblasen und schütteln
Pferde:	zwei leere Kokosnussschalen aufeinanderschlagen oder mit den flachen Händen auf die Oberschenkel klopfen
Meeresrauschen:	mit einer Bürste über Karton oder Blech kreisen
Türknarren:	langsam an einer gespannten Gitarrensaite entlangschaben

Tipp
Ihr könnt euch Datenbanken mit Geräuschen anlegen. Sucht auch gemeinsam im Internet.

b Probiere es aus.

2 Schreibe unter die Fotos die passenden Geräusche.

3 Wähle eines der Themen aus: **Die Zeitreise, Im Park** oder **Leben in der Großstadt.** Mache passende Geräusche dazu.

Filmsequenzen sehen und verstehen

Literaturverfilmungen kennen lernen

1 Welche Art von Filmen siehst du häufig? Markiere.

der Spielfilm / der Dokumentarfilm / der Zeichentrickfilm / der Krimi / der Animationsfilm / der Werbefilm / die Reportage / der Kinofilm / das Drama / der Liebesfilm / der Kinderfilm / der Heimatfilm / die Komödie / der Western / der Science-Fiction-Film / der Fantasyfilm / der Thriller / der Tierfilm / der Tanzfilm

2 Film und Buch sind zwei Medien.
Sie erzählen eine Geschichte auf verschiedene Weise.

a Lies den folgenden Text.

Mit **Büchern** tauchst du ganz anders in die Welt einer Geschichte ein als mit Filmen. Bei Büchern kannst du eher eine eigene Vorstellungswelt entwickeln. Du kannst deine Fantasie spielen lassen. In Büchern ist es leichter, die Gefühle und Gedanken von Personen darzustellen. Ein Buch kann auch helfen, Ruhe in deinen Alltag zu bringen und Stress abzubauen. Und du kannst selbst entscheiden, wann du lesen willst und wie lange.

Filmfans mögen es dagegen, beim Filmeschauen abschalten zu können und eine fertige Geschichte angeboten zu bekommen. Sie genießen es, den Film an einem Abend oder Nachmittag sehen zu können. Außerdem kann ein mittelmäßiger Roman manchmal ein sehr guter Film werden.

b Markiere im Text die Vorteile von Büchern mit einer Farbe und die Vorteile von Filmen mit einer anderen Farbe.

3 In Literaturverfilmungen werden Texte aus Büchern in Filme umgewandelt.
Dabei wird der Inhalt meist gekürzt und verändert.
Literaturverfilmungen sind zum Beispiel **Die unendliche Geschichte** oder **Pippi Langstrumpf.**
Welche kennt ihr noch? Sprecht darüber.

Wortarten und Wortformen

Veränderbare Wortarten

1 Ihr wisst, Wörter lassen sich verschiedenen Wortarten zuordnen.

a Lies den folgenden Text über einen interessanten Beruf.

Meike ist die Ankleiderin an unserem Theater. Sie erntet immer großes Erstaunen, weil ihr Beruf ungewöhnlich ist. Die Schauspielerinnen und Schauspieler tragen in einem Stück oft verschiedene Kostüme. Manchmal spielen sie sogar zwei Rollen. Dann müssen sie Kleidung, Schuhe, Gürtel, Ketten und Haarbänder in kurzer Zeit wechseln. Meike hilft ihnen beim schnellen Umkleiden. Nach der Vorstellung wäscht und repariert sie ihre Kostüme.

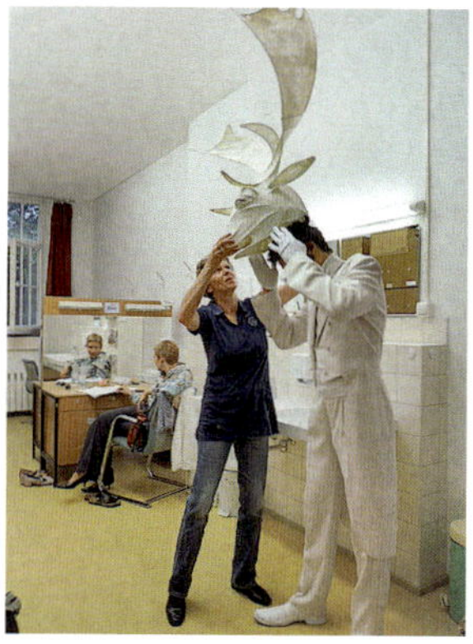

b Wie findet ihr diesen Beruf? Sprecht darüber.

c Welche Wortarten erkennt ihr im Text? Schreibt sie in euer Heft.

> Wörter lassen sich unterschiedlichen **Wortarten** zuordnen.
> Wortarten können veränderbar oder unveränderbar sein.
> **Veränderbare Wortarten** kann man:
>
> – **deklinieren/beugen** (Nomen/Substantive, Artikel, Adjektive, Pronomen) Beispiele: des Theaters, meiner neuen Freundin,
> – **konjugieren/beugen** (Verb) Beispiele: sie liest, ihr lauft,
> – **komparieren/steigern** (Adjektive) Beispiele: hell – heller – am hellsten.

2 Der Text der Aufgabe 1 a enthält verschiedene Wortarten.

a Schreibe zu jeder Wortart mindestens drei Beispiele aus dem Text auf.

Nomen/Substantive: ____________________

____

Verben: ____________________

____

Adjektive: ____________________

b Bilde zu mindestens vier Wörtern aus Aufgabe 2 a Sätze.
Schreibe die vier Sätze in dein Heft.

Nomen/Substantive

Nomen/Substantive werden mit **großem Anfangsbuchstaben** geschrieben.
Nomen/Substantive haben ein **grammatisches Geschlecht** (männlich, weiblich, sächlich).
Beispiele: der Mann, die Frau, das Kind

1 Lies den Text aufmerksam.

Achtung, Fehler!

Die maskenbildnerin erzählt:
Gern schminke ich die gewaltopfer für die kriminalfälle.
Der aufwand ist groß. Das ergebnis ist gut,
wenn die verletzungen echt aussehen.

2 Erkenne die Nomen/Substantive.

a Schreibe den Text ohne Fehler ab.

Tipp
Achte auf die Schreibung der Wörter nach den markierten Artikeln.

b Ordne die Nomen/Substantive dem grammatischen Geschlecht zu. Schreibe sie auf.

männlich (der): ___

weiblich (die): ___

sächlich (das): ___

c Suche zu jedem Geschlecht noch drei weitere Beispiele. Schreibe sie dazu.

Nomen/Substantive haben in der Regel ein **Begleitwort** bei sich:

- den **bestimmten** oder **unbestimmten Artikel,** Beispiele: der Beruf, eine Maske,
- ein **Pronomen,** Beispiel: ihre Frisur, jede Form
- ein **Zahlwort,** Beispiel: in zwei Rollen, in allen Filmen,
- ein **Adjektiv,** Beispiel: bei hellem Licht.

Das **Begleitwort** markiert oft die **Zahl** (Singular, Plural) und das **grammatische Geschlecht** (männlich, weiblich, sächlich).

3 Erkenne die Begleitwörter.

a Markiere im Text die Begleitwörter vor den Nomen/Substantiven.

In einem **Theater** soll man die **Personen** an ihrem **Rollengesicht** erkennen.

Deshalb trage ich dicke **Farbschichten** auf jedes **Gesicht** auf.

Dann klebe ich lange **Wimpern,** eine **Verletzung** oder einen **Bart** an.

Zu allen **Zeiten** gab es unterschiedliche **Bartformen.**

Die **Nase** oder das **Kinn** betone ich gern mit kleinen **Kunststoffteilen.**

b Schreibe die Begleitwörter heraus. Ordne sie nach Wortarten.

unbestimmter Artikel: *einem,* ______

bestimmter Artikel: *die,* ______

Pronomen: ______

Adjektiv: ______

______

Zahlwort: ______

4 Ergänze in den Sätzen die Begleitwörter in der richtigen Form.

Maskenbildner sorgen für das ______ (gut) Aussehen.

Man muss sich mit ______ (historisch) Frisuren auskennen.

Vormittags arbeitet man an ______ (neu) Perücken.

Abends schminkt man für ______ (der) Auftritt.

Nach dem Auftritt hilft man beim ______ (schnell) Abschminken.

Nominalisierte/Substantivierte Verben und Adjektive

Verben und **Adjektive** können zu **Nomen/Substantiven** werden.
Sie werden dann **nominalisierte/substantivierte Verben** und **Adjektive** genannt.
Sie werden **großgeschrieben.**
Beispiele: tragen – beim Tragen, gruselig – etwas Gruseliges

1 Erkenne Verben und nominalisierte Verben.

a Lies die Sätze.

b Markiere die Verben mit einer Farbe und die Nominalisierungen mit einer anderen Farbe.

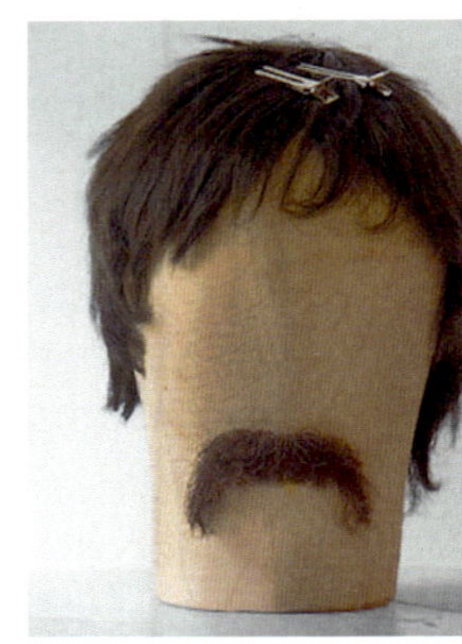

1 Ich fertige eine Perücke an.

2 Das Anfertigen einer Perücke ist schwierig.

3 Das Abnehmen der Kopfmaße lernen wir.

4 Auf einen Holzkopf übertragen wir die Maße.

5 Mir macht das Anfertigen von Masken großen Spaß.

6 Ich verändere die Masken gern.

2 Verb oder Nominalisierung?

a Setze die Verben in der Klammer in der richtigen Wortart ein.

Ich beginne mit dem ____________________ des Unterbaus. (nähen)

Dieser Unterbau ____________________ Montur. (heißen)

Die Arbeit beginnt mit dem ____________________ der Kopfmaße. (abnehmen)

Für die Montur ____________________ wir feinen Tüllstoff. (verwenden)

Die meiste Zeit benötigen wir für das ____________________ der Haare. (einknüpfen)

Jedes Haar muss ich einzeln durch den Stoff ____________________. (ziehen)

Das ____________________ verhindert, dass die Haare aus dem Stoff rutschen. (verknoten)

b Markiere die Verben mit einer Farbe und die Nominalisierungen mit einer anderen Farbe.

3 Trage ein **Adjektiv** oder eine **Nominalisierung** vom Rand ein.

Wie hieß der ____________________ Film?

Wie hieß dieser ____________________ aus dem Film?

Die Maskenbildnerinnen und Maskenbildner lassen sich

immer etwas ____________________ einfallen.

Sie gestalten ____________________ Masken.

Neues
spannende
Blonde
gruselige

4 Ergänze die Nominalisierung.

a Erweitere die Wortgruppe jeweils um ein Adjektiv.

das Ärmellose – das ____________________ Ärmellose

das Nagelneue – das ____________________ Nagelneue

das Altmodische – das ____________________ Altmodische

das Schicke – das ____________________ Schicke

bedruckt
eng
weit
einfarbig
löchrig
ausgefranzt

b Auf welches Wort bezieht sich der Artikel?
Markiere die beiden Wörter jeweils mit einer Farbe.

5 Markiere auch in diesen Sätzen den Artikel und das Wort, worauf sich der Artikel bezieht.

Die kleinen Kinder lassen sich als Clown schminken. Mit den ganz kleinen Kindern wird begonnen. Die Jüngsten bekommen eine Clownsnase. Die Großen lassen sich schminken.

6 Ergänze die Sätze. Setze die Adjektive in Klammern in der richtigen Wortart ein.

Die ____________________ Kinder wollen als Clown geschminkt werden. (kleinen)

Die Maskenbildnerin beginnt mit den ____________________. (kleinsten)

Den ____________________ Kindern klebt sie eine Clownsnase an. (jüngsten)

Die ____________________ lassen sich fotografieren. (großen)

Pronomen

Pronomen sind Stellvertreter oder Begleitwörter von Nomen/Substantiven.
Personalpronomen stehen **stellvertretend für Nomen/Substantive:**
ich, du, er, sie, es, wir, ihr, sie.
Beispiel: Ich höre das Lied. Es gefällt mir gut.
Possessivpronomen zeigen den **Besitz** oder die **Zugehörigkeit** an:
mein, dein, sein, ihr, unser, euer, ihr.
Beispiel: Ich höre deinen Lieblingssong.

1 Ordne den Sätzen mit den Personalpronomen das richtige Nomen/Substantiv zu. Verbinde.

1 Sie trifft sich am Marktplatz.		**A** die Schüler
2 Es beginnt um 18 Uhr.		**B** das Prospekt
3 Wir freuen uns auf das Theaterstück.		**C** das Theaterstück
4 Es informiert über das Theaterstück.		**D** die Klasse

2 Setze die Personalpronomen und Possessivpronomen richtig ein.

ihre (2-mal), ihren, sie (2-mal), es

_________ schminkt die Kinder. Ein Mädchen bekommt Glitzer auf _________ Wangen. _________ Augen betont _________ stark. Dabei fällt der Pinsel auf _________ Kittel. _________ ist nichts passiert.

Relativpronomen leiten einen **Nebensatz** (Relativsatz) **ein** und beziehen diesen in der Regel auf ein **vorausgegangenes Nomen/Substantiv.**

3 Ergänze das richtige Relativpronomen vom Rand.

das
die
der (2-mal)

Alarm an unserer Schule

Plötzlich ertönte ein Alarm, _________ uns erschreckte.

Geordnet verließen die Klassen das Gebäude, _________ geräumt wurde.

Alle kannten den Stellplatz, _________ auf der anderen Straßenseite lag.

Die Klassen meldeten die Personen, _________ heute nicht im Unterricht waren.

Aktivformen und Passivformen der Verben

Die **Aktivform** wird verwendet, wenn ausdrücklich betont werden soll, wer handelt.
Beispiele: Die Jury ehrt den Sieger. Die Jury hat den Sieger geehrt.
Die **Passivform** wird verwendet, wenn es unwichtig oder unbekannt ist, wer handelt.
Beispiele: Der Sieger wird geehrt. Die Sieger werden geehrt.
Die Sieger sind geehrt worden.

1 Erkenne die **Aktivformen** und **Passivformen.**

a Lies die Sätze.

1 Es gibt verschiedene Filmpreise.

2 Die Filmfestspiele in Berlin heißen Berlinale.

3 Die Berlinale verleiht den „Goldenen Bären".

4 Auf der Berlinale vergibt auch das Publikum einen Preis.

5 Mit der „Goldenen Taube" wird der beste Dokumentarfilm in Leipzig geehrt.

6 Die Preisträger werden bejubelt.

7 Viele Preisverleihungen werden im Fernsehen übertragen.

b Markiere die Aktivformen der Verben in einer Farbe.

c Markiere die Passivformen der Verben in einer anderen Farbe.

2 Setze die richtigen **Passivformen** ein.
Wähle aus den folgenden Verbformen aus:

ist / wurden / wurde / werden / wird / sind

Präsens: Ein Film ____________________ gezeigt.

Präsens: Die Filme ____________________ gezeigt.

Präteritum: Der Film ____________________ gezeigt.

Präteritum: Zehn Filme ____________________ gezeigt.

Perfekt: Ein Film ____________________ ausgewählt worden.

Perfekt: Zwei Filme ____________________ ausgewählt worden.

Passivformen sind immer zusammengesetzte Verbformen.
Sie bestehen aus einer Form des Hilfsverbs **werden + Partizip II** eines anderen Verbs.

Präsens:	Er wird gefilmt.	Wir werden gefilmt.
Präteritum:	Er wurde gefilmt.	Wir wurden gefilmt.
Perfekt:	Er ist gefilmt worden.	Wir sind gefilmt worden.
Plusquamperfekt:	Er war gefilmt worden.	Wir waren gefilmt worden.
Futur:	Er wird gefilmt werden.	Wir werden gefilmt werden.

3 Ergänze in der Tabelle die Passivformen.

Tipp
Sieh dir dazu die Übersicht im Merkkasten an.

sie wurden gezeigt / sie sind gezeigt worden / sie werden gezeigt

Zeitform	Aktivformen	Passivformen
Präsens	sie zeigen	______
Präteritum	sie zeigten	______
Perfekt	sie haben gezeigt	______

4 Setze die Verben in Klammern im Passiv in der vorgegebenen Zeitform ein.

Tipp
Sieh dir dazu die Übersicht im Merkkasten an.

1 Mehr als 400 Filme ___wurden___ letztes Jahr auf der Berlinale ___gezeigt___. (zeigen, Präteritum)

2 Das Festival ______ 1951 ______ ___worden___. (gründen, Perfekt)

3 Das Festival ______ seit 2019 von zwei bekannten Persönlichkeiten ______. (leiten, Präsens)

4 Die besten Filme ______ mit einem Goldenen und einem Silbernen Bären ______. (ehren, Präsens)

5 Es ______ auch Filme für Kinder und Jugendliche auf der Berlinale ______. (zeigen, Präsens)

Adjektive

Adjektive beschreiben Eigenschaften und Merkmale von **Lebewesen, Gegenständen, Tätigkeiten** und **Vorgängen** genauer.
Beispiele: Der **große** Baum steht im Park.
Die Blume duftet **lieblich.**

1 Erkenne die Adjektive.

a Lies den Text.

b Markiere die Adjektive im Text.

1 Die großen Scheinwerfer verbreiten ein helles Licht.

2 Die neugierigen Zuschauer warten auf das tolle Konzert.

3 Es wird eine großartige Vorstellung.

c Steigere die markierten Adjektive.

Schreibe die **Grundstufe,** die **Mehrstufe** und die **Meiststufe** in dein Heft.

groß, größer, am größten

Mithilfe von Adjektiven kann man **Vergleiche** ausdrücken.
Bei **Gleichheit** verwendet man die **Grundstufe + wie.**
Beispiel: Mia rennt so **schnell wie** Nika.
Bei **Ungleichheit** verwendet man die **Mehrstufe + als.**
Beispiel: Emil rennt **schneller als** Paul.

2 Setze die Adjektive in der richtigen Steigerungsstufe ein.

schnell / langsam / laut / ordentlich / weit / süß

Die Motorräder fahren so ______________ **wie** die Autos.

Kim fährt ______________ **als** Tom.

Die Motorsäge ist ______________ **als** die Musik.

Peer arbeitet genau so ______________ **wie** sein Vater.

Ahmed springt so ______________ **wie** Basti.

Das Erdbeereis ist ______________ **als** das Joghurteis.

Nicht veränderbare Wortarten

Adverbien

Adverbien geben an, **wann, wo, wie** und **warum etwas geschieht.**
Beispiele: freitags, hier, oft, deshalb

1 Ordne die folgenden Adverbien den Fragewörtern zu. Schreibe sie dahinter.

plötzlich / rechts / deshalb / vorn / freitags / hinten / ungern / oben / miteinander / nachts / darum

Wann? (die Zeit): ______

Wo? (der Ort): ______

Wie? (die Art und Weise): ______

Warum? (der Grund): ______

2 Was bestimmen die **fett gedruckten** Adverbien näher?
Frage danach.
Schreibe auf die Zeilen (Zeit, Ort, Art und Weise oder Grund).

1 **Abends** hört man es schnaufen. ______

2 Ein Igel wohnt **unter** der Hecke. ______

3 Er kommt **plötzlich** aus dem Versteck. ______

4 Vier Junge sind bei ihm, **deshalb** bleiben wir stehen. ______

3 Ergänze Adverbien, die das Gegenteil ausdrücken. Schreibe sie dahinter.

nirgends / zuletzt / gegeneinander / bergab / oben / hinten

bergauf	______	zuerst	______
überall	______	vorn	______
miteinander	______	unten	______

Konjunktionen

Konjunktionen (Bindewörter) verbinden Einzelwörter, Wortgruppen und Teilsätze miteinander.
Einzelwörter: langsam oder schnell
Wortgruppen: ein kleiner Korb und sehr stabil
Teilsätze: Er malt, aber sie schreibt.
Leiten einen Nebensatz ein: Er hofft, dass sie die Nachricht liest.

1 Erkenne die Konjunktionen (Bindewörter) **weil, aber** und **als.**

a Lies die Sätze.

b Rahme die Konjunktionen (Bindewörter) ein.

Im Radio kommt eine Verkehrsdurchsage, weil sich ein Unfall ereignete.

Der Fahrer kam ins Schleudern, als er stark bremsen musste.

Die Unfallstelle wurde abgesichert, aber es liegen Teile auf der Fahrbahn.

c Ergänze einen passenden Satz mit **Konjunktion** (Bindewort).
Schreibe in dein Heft.

2 Bilde zusammengesetzte Sätze.

a Lies die Sätze.

b Verbinde die beiden Sätze jeweils mit einer **Konjunktion**.
Schreibe die Sätze in dein Heft.

aber / weil / ~~deshalb~~ / damit / und

1 Wir sehen einen Stau. Wir fahren langsam heran.

Wir sehen einen Stau, deshalb fahren wir langsam heran.

2 Die Polizisten haben gerade Mittagspause. Sie werden zu einem Unfall gerufen.

3 Auf der Autobahn bildet man eine Rettungsgasse. Die Einsatzfahrzeuge können ungehindert fahren.

4 Eine Flüssigkeit ist ausgelaufen. Die Feuerwehr ist schon vor Ort.

5 Der Stau löst sich auf. Die Fahrzeuge fahren zügig am Unfallort vorbei.

Satzbau und Zeichensetzung

Bau des einfachen Satzes

Subjekt und Prädikat

> Das **Subjekt** ist das **Satzglied,** über das etwas ausgesagt wird.
> Nach dem Subjekt fragen wir mit **Wer?** oder **Was?.**
> Beispiele:
> Janos und Joe wollen ein Instrument lernen. **Wer** will ein Instrument lernen?
> Es wird ein Schlagzeug gebraucht. **Was** wird gebraucht?

1 Erkenne das Subjekt.

a Schreibe die Frage nach dem Subjekt unter jeden Satz.

b Markiere das Subjekt in den Sätzen mit einer Farbe.

1 Die Schulband probt unter Anleitung eines Musikers.

Frage: Wer ______________________________?

2 Im Probenraum liegen neue Instrumente.

Frage: Was ______________________________?

c Setze die Subjekte richtig ein. Orientiere dich am Prädikat.

3 ____________________ klingen gut zu den Gitarren.

4 ____________________ spielt seit Jahren Klavier.

Karina
Flöten

> Das Satzglied **Prädikat** sagt etwas über das Subjekt aus.
> Nach dem Prädikat fragen wir mit: **Was wird ausgesagt?**
> Beispiel: Seit Wochen musizieren die Mädchen und Jungen.
> **Was wird** über die Mädchen und Jungen (Subjekt) **ausgesagt?**

2 Füge aus den Satzbausteinen Sätze zusammen.

a Schreibe die Sätze in dein Heft.

b Markiere das Prädikat.

1 einen eigenen Song / komponiert / die Schulband

2 überraschen / ihren Musiker Jan / sie / damit

Dativobjekt und Akkusativobjekt

> Das **Objekt** ist ein Satzglied. Es ergänzt das Prädikat.
> Objekte stehen in einem bestimmten Fall.
> Nach dem Objekt fragen wir mit: **Wem ...? Wen ...? Was ...?**
> Beispiele:
> Ahmed hilft seinem Freund. **Dativobjekt**
> Wem hilft Ahmed? Die Ergänzung ist: seinem Freund
> Er ruft seine Mutter an. **Akkusativobjekt**
> Wen ruft er an? Die Ergänzung ist: seine Mutter
> Kim kauft das neue Spiel. **Akkusativobjekt**
> Was kauft sie? Die Ergänzung ist: das neue Spiel

1 Erkenne Dativobjekte und Akkusativobjekte.

a Lies die Sätze.

1 Der Musiker Jan fragt seine Band nach dem Ablauf. *Akkusativobjekt* ______

2 Er gibt Juri Hinweise für den Einsatz der Instrumente. ______

3 Joe stimmt seine Gitarre. ______

4 Karina packt ihre Flöte aus. ______

5 Sie begleitet Sira bei ihrem Gesang. ______

b Sind die markierten Wörter und Wortgruppen **Dativobjekte** oder **Akkusativobjekte?**

Frage nach. Schreibe die **Fragen** auf die Zeilen.

1 *Wen* ______

2 ______

3 ______

4 ______

5 ______

c **Dativobjekt** oder **Akkusativobjekt?**

Schreibe es hinter die Sätze von Aufgabe 1 a.

Adverbialbestimmungen (Umstandsbestimmungen) des Ortes und der Zeit

> **Adverbialbestimmungen** (Umstandsbestimmungen) **des Ortes** sagen,
> **wo** etwas geschieht oder jemand etwas tut.
> Nach der Adverbialbestimmung des Ortes fragen wir mit:
> **Wo …? Woher …? Wohin …?**
>
> **Adverbialbestimmungen** (Umstandsbestimmungen) **der Zeit** sagen,
> **wann** etwas geschieht oder jemand etwas tut.
> Nach der Adverbialbestimmung der Zeit fragen wir mit:
> **Wann …? Wie lange …? Seit wann …? Bis wann …? Wie oft …?**

1 Erkenne die Adverbialbestimmungen des Ortes und der Zeit.

a Lies die Sätze.

b Markiere die Adverbialbestimmungen des Ortes mit einer Farbe und die Adverbialbestimmungen der Zeit mit einer anderen Farbe.

In wenigen Minuten beginnt das Konzert der Schülerband.
In der Turnhalle der Schule kommen Schüler, Eltern und Lehrer zusammen.
Florian und Juri holen noch Stühle aus dem Klassenzimmer.
Die Band hat ein halbes Jahr geübt für diesen Nachmittag.
Die Eltern von Sira und Karina sitzen in der ersten Reihe.
Auf der Bühne stehen die Instrumente bereit.
Gleich geht es los.

2 Trage die farbig markierten Adverbialbestimmungen in die Tabelle ein.

Adverbialbestimmungen des Ortes	Adverbialbestimmungen der Zeit

Bau des zusammengesetzten Satzes

Inhaltlich eng zusammengehörende Sätze lassen sich zu einem **zusammengesetzten Satz** verbinden.
Die Teilsätze des zusammengesetzten Satzes verbindet man meist mit einer **Konjunktion** (Bindewort):
weil, aber, denn, dass, nachdem, wenn, als, seitdem.
Vor die Konjunktion (dem Bindewort) wird ein **Komma** gesetzt.

1 Ein zusammengesetzter Satz verbindet inhaltlich eng zusammengehörende Sätze.

a Lies die zusammengesetzten Sätze.

b Rahme die Konjunktionen (Bindewörter) ein.

c Unterstreiche in den Teilsätzen die finite (gebeugte) Verbform.

1 Ein Sänger singt über ein gehörloses Mädchen, weil er das wichtig findet.

Hauptsatz , Nebensatz

2 Das Mädchen steht neben dem Sänger, aber sie singt nicht.

3 Seitdem sie auf die Bühne kommt, sind auch gehörlose Menschen im Publikum.

4 Wenn sie mit den Lippen den Gesang nachmacht, tanzt sie im Rhythmus.

5 Mit ihren Bewegungen erreicht sie, dass die Musik sichtbar wird.

d Lies den Merkkasten.

Im **Hauptsatz** steht die **finite** (gebeugte) **Verbform** an **zweiter Satzgliedstelle,** im **Nebensatz** an **letzter Satzgliedstelle.**
Beispiel:
Sie ist glücklich, wenn sie auf der Bühne steht.
Hauptsatz (Hs), Nebensatz (Ns)

e Sind die Teilsätze **Hauptsätze** oder **Nebensätze?**
Schreibe auf die Linien.

Satzreihe (Satzverbindung)

Eine **Satzreihe** (Satzverbindung) entsteht, wenn man **zwei** oder **mehrere Hauptsätze** verbindet. Man sollte Hauptsätze durch ein **Komma** voneinander abtrennen.

Hauptsätze können **unverbunden** sein.
Beispiel: Sie arbeitet auf Konzerten, sie singt dort nicht.

Hauptsätze können mithilfe von **Konjunktionen** (Bindewörtern) **miteinander verbunden** werden: und, oder, aber, denn, doch.
Beispiele: Sie arbeitet auf Konzerten, aber sie singt nicht.
Sie arbeitet auf Konzerten, und sie ist glücklich dabei.

3 Untersuche die Satzreihen.

a Lies die Sätze.

b Gibt es in den Sätzen Konjunktionen?
Rahme die Konjunktionen (Bindewörter) ein.

c Unterstreiche in den Teilsätzen die finiten (gebeugten) Verbformen.

1 Gehörlose Menschen verständigen sich mit Gesten, aber sie müssen das erlernen.

2 Das Verständigen über Gesten ist schwierig, doch die Kinder lernen es in der Schule.

3 Viele gehörlose Kinder wachsen „zweisprachig“ auf, sie lernen die Gebärdensprache und das Lippenlesen.

d An welcher Stelle steht die finite (gebeugte) Verbform in den Teilsätzen?
Ergänze den Satz.

Die finite (gebeugte) Verbform steht an ____________________ Stelle.

4 Verbinde die Sätze mithilfe der Konjunktionen am Rand.
Schreibe sie in dein Heft.
Achte dabei auf die Kommasetzung.

1 Als Kind nahm Laura Gesangsunterricht. Sie wollte Sängerin werden.
2 Sängerin war ihr Traum. Auf der Bühne stand sie auch gern.
3 Sie sang sehr viel. Dann verlor sie ihr Gehör.

und
aber
denn

Als Kind nahm Laura Gesangsunterricht, denn sie ...

Satzgefüge

Satzgefüge bestehen aus mindestens einem **Hauptsatz** (Hs) und einem **Nebensatz** (Ns).
Sie werden durch ein Komma voneinander getrennt.
Den Nebensatz erkennt man an folgenden Merkmalen:
- Am **Anfang** steht meist ein **Einleitewort.**
- Am **Ende** steht die **finite** (gebeugte) **Verbform.**

Beispiele:

Fin singt in der Band,	weil es ihm Spaß macht.
Hauptsatz (Hs),	Nebensatz (Ns)
Weil es ihm Spaß macht,	singt er in der Band.
Nebensatz (Ns),	Hauptsatz (Hs)

5 Bilde Satzgefüge.

a Verbinde die Hauptsätze mit den passenden Nebensätzen.

1 Ich wünsche mir,		A obwohl der Bus fuhr.
2 Du sollst auf der Straße aufpassen,		B dass ich es schaffe.
3 Ihr seid zu spät gekommen,		C weil es gefährlich ist.

b Schreibe die Sätze auf.

c Rahme die Konjunktionen (Bindewörter) ein.

d Unterstreiche die finite (gebeugte) Verbform.

6 Bilde Satzgefüge.
Wandle dazu jeweils den zweiten Satz in einen Nebensatz um.
Verwende das Einleitewort in Klammern. Schreibe in dein Heft.

1 Der Zug hielt auf dem Bahnhof. Alle verließen plötzlich den Wagen. (als)
2 Ich hatte die Durchsage nicht verstanden. Ich hörte genau zu. (obwohl)
3 Richtig in Panik bin ich geraten. Der Fahrstuhl fuhr nicht weiter. (als)
4 Ich konnte niemanden erreichen. Mehrere Stunden musste ich warten. (sodass)

Der Zug hielt auf dem Bahnhof an, als plötzlich alle den Wagen verließen.

Zeichensetzung bei der direkten (wörtlichen) Rede

Die **direkte (wörtliche) Rede** steht in **Anführungszeichen.**
Zwischen einem Begleitsatz und der wörtlichen Rede steht ein **Doppelpunkt.**
Beispiel: Ich frage: „Wie kommen Sie auf diese Ideen?“
Steht der **Begleitsatz** in der **Mitte** oder **nach der wörtlichen Rede,** wird er durch Kommas abgetrennt.
Beispiele: „Ich beobachte viel im Alltag“, sagt sie.
„Wenn Sie unterwegs sind“, frage ich, „schreiben Sie sich dann gleich alles auf?“

1 Jurek ist mit seinen drei Freunden unterwegs zur Comic-Messe.

a Markiere die wörtliche Rede mit Anführungszeichen.

Jurek: Ich freue mich total auf die Comics.

Lea: Na ja, ich stehe eher auf Mangas.

Steve: Ich denke, wir sollten uns alles anschauen.
Vielleicht gibt es was Neues!

Jason: Mir gefallen vor allem die Figuren von Jean Giraud,
die sehen aus wie von anderen Planeten.

b Schreibe die Sätze als wörtliche Rede auf.
Setze fehlende **Anführungszeichen, Kommas, Doppelpunkte** und **Satzschlusspunkte**.

Jurek ruft: „Ich freue mich ____________________

____________________“, entgegnet Lea.

Steve lacht und meint ____________________

____

„Mir gefallen ____________________ sagt Jason,

„____________________

Kommasetzung bei Aufzählungen

Sätze können **Aufzählungen** in Form von Wörtern und Wortgruppen enthalten. Die Glieder einer Aufzählung werden durch **Kommas** voneinander **getrennt.**
Beispiel: Die Comic-Messe ist interessant, spannend, außergewöhnlich.

Das **Komma fällt weg,** wenn die Wörter und Wortgruppen mit **Konjunktionen** (Bindewörtern) verbunden sind: und, oder, sowohl … als auch …
Beispiel: Die Comic-Messe ist interessant, spannend und außergewöhnlich.

1 Schreibe die Sätze auf.
Ersetze die überflüssigen Konjunktionen (Bindewörter) durch ein Komma.

1 Bei der Berliner Comic-Messe kann man Zeichner treffen und Comics kaufen und Autogramme bekommen.

2 Es gibt dort etwas zu Spiel oder Film und Comic und Manga.

1

2

2 Komma oder kein Komma?

a Lies die Sätze.

b Gibt es in den Sätzen Aufzählungen, die durch ein Komma getrennt werden müssen? Setze die Kommas.

Achtung, Fehler!

1 Lea besuchte die Comic-Messen in Berlin Leipzig Stuttgart und auch in Frankfurt.

2 Steve mag sowohl die Geschichte die Figuren die Kostüme als auch die Menschen dort.

3 Jurek Steve und Jason erkennen den Disney-Zeichner Don Rosa.

4 Mittags gehen Jurek und Jason kurz aus der Messe-Halle und lernen Kim Luna und Mia kennen.

Kommasetzung bei Datumsangaben

Bei **Datumsangaben** nach einem Wochentag setzt man vor dem Datum ein **Komma**.
Beispiel: Wir treffen uns am Mittwoch, dem 14. Oktober.

1 Untersuche die Kommasetzung bei Datumsangaben.

a Lies die Ankündigung.

b Markiere die Kommasetzung bei den Datumsangaben.

c Sprich mit einer Partnerin oder einem Partner über die Kommasetzung.

Achtung, Terminänderung!

Die Ausstellung mit Mawil, Zeichner des Comics

Strandsafari

wird vom Mittwoch, dem 7. März auf Dienstag, den 13. März verlegt.

Uhrzeit und Ort bleiben unverändert: 15:00 Uhr in der Bibliothek.

2 Untersuche die Kommasetzung in kürzeren Sätzen.

a Lies die folgenden Sätze.

b Ergänze farbig die Kommas.

Achtung, Fehler!

1 Heute ist Sonntag der 23. März.

2 Wir haben morgen Montag den 24. März.

3 Lea geht zu Steve am Freitag 5. April.

4 Jason kommt Montag 8. April.

3 Untersuche die Kommasetzung in längeren Sätzen.

a Lies die Sätze.

b Ergänze farbig die Kommas.

Achtung, Fehler!

1 Die deutsche Comic-Messe fand vom Sonnabend dem 12. September bis zum Sonntag dem 13. September in Berlin statt.

2 Die vier Freunde nahmen am Sonnabend dem 12.9. teil.

3 Am Freitag dem 18. September sollen sie in der Klasse von ihrem Erlebnis erzählen.

Kommasetzung bei Infinitivgruppen

Infinitivgruppen (erweiterte Infinitive mit zu) werden durch ein **Komma** abgetrennt.
Beispiel: Ich freue mich, zur Messe zu gehen.

1 Bilde Sätze mit **erweitertem Infinitiv mit zu.**

a Verbinde die Teilsätze auf der linken Seite mit dem erweiterten Infinitiv mit zu.

1 Das Anliegen der Comic-Messe ist es,		**A** die Figuren aus den Comics zu erkennen.
2 In der Kostümwelt geht es darum,		**B** die bunte Vielfalt der Comics zu zeigen.
3 Es ist spannend,		**C** die Filme den Filmhelden zuzuordnen.

b Schreibe die Sätze auf.

2 Erweitere die Sätze mit einem **Infinitiv mit zu.**

1 Aufgabe der Messe ist es zu informieren. (über Comics und Mangas)
2 Beim Messebesuch geht es mir darum, Zeichner kennenzulernen. (viele interessante)
3 Es geht mir darum zu sprechen. (mit ihnen)

a Schreibe die Sätze mit der Erweiterung in der Klammer auf.

b Setze das Komma vor dem erweiterten Infinitiv mit zu.

1 Aufgabe der Messe ist es, über Comics und Mangas zu informieren.

2

3

Textgestaltung durch Satzverknüpfung

Sprachliche Verknüpfungsmittel helfen, häufige Wortwiederholungen zu vermeiden. So liest sich ein Text leichter.
Sprachliche Verknüpfungsmittel sind zum Beispiel:

- **Pronomen:** ihm, ihr, sie, er, es
- **Adverbien:** dort, dann, danach, deshalb, darum, darin
- **bedeutungsähnliche Wörter:** sehen, schauen, beobachten, erblicken

1 Verwende Satzverknüpfungen.

a Lies den Text.

b Ersetze die markierten Wortgruppen mit Wörtern aus dem Wortkasten.
Vermeide dadurch in den Sätzen unnötige Wiederholungen.
Schreibe die Sätze auf.

Tipp
Achte auf die Großschreibung am Satzanfang.

darin / es / er / das Buch / ~~ihm~~

Erich Kästner war ein deutscher Schriftsteller.
Erich Kästner war Humor wichtig.
Erich Kästner hat „Das fliegende Klassenzimmer“ 1933 geschrieben.
„Das fliegende Klassenzimmer“ ist ein Schul-Roman für Kinder.
In dem Buch „Das fliegenden Klassenzimmer“ geht es um Schülerinnen und Schüler in einem Internat und ihre Erlebnisse.
„Das fliegende Klassenzimmer“ wurde mehrmals verfilmt.

Erich Kästner war ein deutscher Schriftsteller.

Ihm war Humor wichtig.

Wortbildung

Zusammensetzungen

Zusammensetzungen können aus mehreren Wörtern bestehen.
Das erste Wort heißt **Bestimmungswort**, da es das nachfolgende **Grundwort** näher bestimmt.
Beispiele

Bestimmungswort	**+ Grundwort**	**➔ zusammengesetztes Wort**
drehen	das Buch	das Drehbuch
die Fantasie	voll	fantasievoll
zusammen	schneiden	zusammenschneiden

1 Bilde **Zusammensetzungen** und schreibe sie auf.

1 der Star + die Besetzung *die Starbesetzung*

2 das Kind + der Start *der* ______

3 ab + schminken ______

Manchmal muss eines der **Fugenelemente** -(e)s-, -(e)n-, -er die beiden Wörter verbinden.
Beispiele: das Kind + der Star = der Kind**er**star

2 Welche Wörter sind gemeint?

a Ergänze die Wörter.

b Markiere die **Fugenelemente** in den Zusammensetzungen.

1 Die Sendung, die unterhält, ist die ______.

2 Der Pass für das Kind, ist der ______.

3 Der Dieb, der die Tasche raubt, ist der ______.

3 Zerlege die Zusammensetzungen in ihre Bestandteile.
Schreibe sie dann in der richtigen Großschreibung und Kleinschreibung in dein Heft.

LIEBEVOLL / KINOSTART / KAMERAMANN / STEINALT / TONTECHNIKERIN

die Liebe + voll – liebevoll, ...

Ableitungen

Ableitungen entstehen vor allem durch Anfügen von **Präfixen** (Vorsilben) oder **Suffixen** (Nachsilben) an einen Wortstamm.
Präfixe (Vorsilben) von **Verben** sind: be-, er-, ent-, ver-, zer-, un-, miss-.

1 Bilde abgeleitete Verben.

a Schreibe die abgeleiteten Verben auf die Zeilen.

1 be-, ver-, miss- **+** achten

beachten,

2 be-, er-, ver- **+** halten

3 be-, ent-, ver- **+** nehmen

b Schreibe vier Sätze mit Ableitungen aus Aufgabe 1 a in dein Heft.

Suffixe (Nachsilben) von **Substantiven/Nomen** sind:
-ung, -heit, -keit, -schaft, -nis, -tum, -er.
Beispiel: zerren + ung = die Zerrung

2 Bilde abgeleitete Substantive/Nomen.

Schreibe sie mit Artikel in dein Heft.

-tum: alter / wachsen[1]

-ung: achten[1] / wohnen[1] / nutzen[1] / spannen[1]

-schaft: Meister / Freunde[2] / Verwandte[2] / Feinde[2]

[1] **en** fällt weg
[2] **e** fällt weg

das Altertum, ...

Suffixe (Nachsilben) von Adjektiven sind:
-lich, -ig, -isch, -sam, -bar, -haft, -los.
Beispiel: sparen + -sam = sparsam

3 Erkenne die Suffixe (Nachsilben). Markiere sie in den Wörtern.

freundlich / komisch / dankbar / lachhaft / aufmerksam / bergig / obdachlos

Wortbedeutung

Wortfelder

Ein **Wortfeld** wird gebildet aus **Oberbegriffen** und dazugehörigen **Unterbegriffen.**
Ein **Oberbegriff** hat eine allgemeine Bedeutung.
Er fasst Einzelnes zu einem Merkmal zusammen.
Unterbegriffe haben eine spezielle Bedeutung.
Beispiel:
Oberbegriff: Bäume
Unterbegriffe: Nadelbäume, Laubbäume

1 Ordne den Oberbegriffen die dazugehörigen Unterbegriffe zu.

die Schreibhefte / die Stifte / der Koffer / die Handtasche / die Fußballschuhe / der Badeanzug / der Fahrradhelm / die Schuhcreme / die Klebestifte

Im Kaufhaus

die Sportabteilung	**die Schreibwaren/ der Bürobedarf**	**die Schuhe / die Taschen**
___	___	___
___	___	___
___	___	___

2 Welche Oberbegriffe kannst du den Unterbegriffen zuordnen?
Ordne die Unterrichtsfächer den Begriffen zu. Schreibe auf die Zeile.

Deutsch / Biologie / Erdkunde / Mathematik

der Körperbau: ___ die Zahl: ___

die Adjektive: ___ die Kontinente: ___

der Satzbau: ___ die Hauptstädte: ___

die Organe: ___ die Addition: ___

die Flüsse: ___ das Säugetier: ___

Redewendungen

Redewendungen sind **feste sprachliche Wendungen.**
Sie beschreiben bildhaft Situationen.
Beispiel: auf die Nase fallen – scheitern, etwas klappt nicht

1 Ordne den Redewendungen die passenden Erläuterungen zu. Verbinde.

die Redewendung		die Erläuterung
1 einen Frosch im Hals haben		A etwas Unangenehmes notgedrungen tun
2 den Faden verlieren		B das Wichtige nicht erkennen
3 sich wie ein Elefant im Porzellanladen benehmen		C in Gesprächen nicht weiterwissen
4 alles in Butter		D unklug auftreten
5 den Wald vor lauter Bäumen nicht sehen		E alles in Ordnung
6 in den sauren Apfel beißen		F nichts verstehen oder vielleicht nicht verstehen wollen
7 nur Bahnhof verstehen		G Heiserkeit

2 Welches Wort fehlt?

a Ergänze die folgenden Redewendungen alle **mit demselben Wort.**

1 jemanden beim ________________ nehmen

2 ________________ halten

3 auf dein ________________ bauen

4 jemandem sein ________________ geben

5 über etwas viele ________________ machen

6 das letzte ________________ haben

Hand / Kopf / Wort /Gedanken

b Was ist jeweils mit dem ergänzten Wort gemeint? Sprich mit einer Partnerin oder einem Partner darüber.

1 Ergänze die **Begleitwörter** vor den Nomen/Substantiven.

stürmischen / die / letzten / farbenfrohe / ein

Im ________________ Urlaub sahen wir ________________ Theaterstück.

Ich erinnere mich besonders an ________________ Masken.

________________ Zuschauer waren begeistert.

Zum Schluss gab es ________________ Applaus.

2 **Verb** oder **Nominalisierung?**

Setze die Verben in der Klammer in der richtigen Wortart ein.

Während der Vorstellung ______________ die Zuschauer immer wieder. (klatschen)

Wild und unbändig ist das ______________ der Hexen und der Zauberer. (tanzen)

Das ______________ während der Vorstellung ist erlaubt. (fotografieren)

Meine Eltern ______________ sich mit mir über den schönen Abend. (freuen)

3 Ordne den Sätzen mit den **Personalpronomen** das richtige Nomen/Substantiv zu. Verbinde.

1 **Wir** treffen Nora am Eingang.		A das Konzert
2 **Sie** trägt ein buntes Kleid.		B die Freunde
3 **Es** beginnt um 20 Uhr.		C das Mädchen

4 Ergänze das richtige **Relativpronomen**.

das / der / die / der

Wir wählten den Eingang, ______ rollstuhlgerecht war.

Vorn an der Bühne war der Platz, ______ für uns reserviert war.

Wir freuten uns über die Musik, ______ plötzlich erklang.

Gerne denke ich an das Konzert zurück, ______ so schön war.

5 Erkenne **Aktivformen** und **Passivformen**.

a Markiere die Aktivformen in einer Farbe.

b Markiere die Passivformen in einer anderen Farbe.

Malik und Anuk spielen ganz neu im Verein.

Beide wohnen erst seit einigen Monaten in unserer Stadt.

Deshalb werden sie von der Mannschaft freundlich begrüßt.

Der Fußball wird zum Spielfeld getragen.

6 Ergänze in der Tabelle die **Passivformen**.

sie wurden gebaut / sie sind gebaut worden / sie werden gebaut

Zeitform	Aktivform	Passivform
Präsens	sie bauen	
Präteritum	sie bauten	
Perfekt	sie haben gebaut	

7 Erkenne **Adjektive.** Markiere sie in den Sätzen.

1 Das Punktspiel erwarteten die jungen Spieler mit Freude.

2 Das Spiel begann mit einem zeitigen Tor.

3 Trotzdem wurde nicht aggressiv gespielt.

8 Bilde **Zusammensetzungen** und schreibe sie auf.

1 das Spiel + das Feld ______________________

2 die Musik + der Verein ______________________

3 vor + spielen ______________________

4 voll + die Kost ______________________

9 Erkenne die **Suffixe** (Nachsilben). Markiere sie in den Wörtern.

täglich / traumhaft / schmerzlich / bergig / sparsam / kritisch / sorglos

Rechtschreibwörterbücher benutzen

Wörter nachschlagen

1 Wollt ihr wissen, was ein Wort bedeutet oder wie es geschrieben wird, dann seht in einem Wörterbuch nach.
Um mit einem Wörterbuch zu arbeiten, müsst ihr das ganze ABC gut kennen.

a Sagt euch gegenseitig das Alphabet auf.

b Sucht euch einen Buchstaben aus.

Fragt euch gegenseitig, welcher Buchstabe im ABC davor steht und welcher dahinter.

> Im **Wörterbuch** sind die Wörter **nach dem ABC geordnet.**
> Suchst du ein Wort, schlage zuerst den **1. Buchstaben** deines Wortes auf.
> Dann suchst du nach dem **2. Buchstaben.** Wieder ist die Reihenfolge das ABC, zum Beispiel: Aal, Arzt.
> Oft wird auch gezeigt, wie die Silben getrennt werden.
> Im Internet kannst du **Online-Wörterbücher** nutzen. Meistens kannst du dort auch hören, wie das Wort genau ausgesprochen wird.

2 Übt die Suche in einem Wörterbuch.

a Ordnet die folgenden Wörter gemeinsam nach dem Alphabet.

b Schreibt sie dann in eure Hefte.

Organ / Apfel / Deutsch / Rabe / schnell / kassieren / Salz

3 Übe die Arbeit mit dem Wörterbuch.

a Suche die Wörter 1 bis 6 im Wörterbuch.

b Schreibe die Seitenzahl daneben.

1 Ampel: Seite ________	**3** Zahn: Seite ________	**5** Garten: Seite ________
2 Party: Seite ________	**4** Efeu: Seite ________	**6** Konzert: Seite ________

4 So sieht ein Wörterbucheintrag aus.

*der **Hut** (die Kopfbedeckung); des Huts oder des Hu|tes, die Hü|te*

der Artikel (Begleiter) die Wortbedeutung die Pluralform (Mehrzahl)

a Schreibe die Pluralform (Mehrzahl) in dein Heft.

b Was bedeutet das Wort? Schreibe in dein Heft.

Wortstämme richtig schreiben

Wörter mit langem Stammvokal

Wörter bestehen aus einzelnen **Bauteilen:**
Präfix (Vorsilbe), **Wortstamm,** Suffix (Nachsilbe).
Beispiel: Er | fahr | ung
Bei **verwandten Wörtern** werden diese Bauteile **fast immer gleich geschrieben.**
Beispiel: fa**h**ren – er fu**h**r – gefa**h**ren – der Fa**h**rer

1 Übe das Schreiben von Wörtern mit **gleichem Wortstamm.**

a Lies das Beispiel.

fühlen – Gestern fühlte er. – Er hat gefühlt.

b Schreibe die weiteren Formen wie im Beispiel.

c Unterstreiche jeweils den Wortstamm.

spielen	*Gestern* ______ *er.*	*Er hat ge* ______.
wohnen	*Gestern* ______ *er.*	*Er hat* ______.
siegen	*Gestern* ______ *er.*	*Er hat* ______.
dehnen	*Gestern* ______ *er.*	*Er hat* ______.

d Markiere jedes Verb aus Aufgabe b mit seinen zwei passenden stammverwandten Nomen/Substantiven aus dem Kasten in der gleichen Farbe.

e Unterstreiche jeweils den Wortstamm.

Fühler / Sehnsucht / Dehnung / Sieg / Wohnung / Gefühl / Spielzeug / Wohnzimmer / Spielplatz / Ausdehnung / Siegeszug

2 Schreibe die **fünf** verwandten Wortgruppen mit ihren passenden Artikeln (Begleitern) in dein Heft.

fühlen – der Fühler – das Gefühl

3 Ein Wort im Wortkasten bleibt übrig. Kreise es ein.

4 Das lang gesprochene **i** schreibt man im Deutschen meist **ie.**
Es gibt nur wenige Wörter mit **i.**

a Lies folgende Wörter.

die Fibel / der Liter / die Mine / der Igel / der Biber / die Idee / der Vampir

die Ideen / die Igel / die Biber / die Fibeln / die Vampire / die Minen / die Liter

b Verbinde jedes Wort mit seiner Pluralform (Mehrzahlform).

c Schreibe die Wortpaare in dein Heft.

die Fibel – die Fibeln, …

Merke dir diese Wörter. Sie werden mit **i/I** geschrieben und mit einem langen **i** gesprochen.

d Schreibe unter jedes Bild den passenden Begriff.

5 Übe die Wörter mit i/I.

a Wähle drei Wörter aus Aufgabe 4 a.
Schreibe jeweils einen Satz.

1.

2.

3.

b Diktiert euch die Wörter von Aufgabe 4 a gegenseitig.
Vergleicht und korrigiert die Wörter dann gemeinsam.

c Diktiert euch abwechselnd zwei eurer Sätze von Aufgabe 5 a.
Korrigiert gemeinsam.

Wörter mit kurzem Stammvokal

Doppelte Konsonanten (Mitlaute) stehen nur nach **kurzem Stammvokal** (Selbstlaut).
Beispiele: die Puppe, die Tanne
Der Konsonant (Mitlaut) ist in beiden Silben zu finden, wie ein Gelenk.
Beispiele: die Wel-le, der Him-mel, es-sen, die Pup-pe, die Tan-ne
Einsilbige Wörter müssen **verlängert werden.**
Beispiel: der Ka____ – die Kämme → der Kamm

1 Übe mit Wortfamilien.

a Schreibe jeweils die Wortpaare in dein Heft.

die Falte – falten / kennen – das Kennenlernen / die Sonne – sonnig /
die Wolke – wolkig / die Stämme – stämmig / helfen – die Hilfe

b Kennzeichne die Silben mit einem Trennstrich.

c Markiere doppelte Konsonanten (Mitlaute) in der Wortmitte farbig.

2 Übe Verben mit doppeltem Konsonanten (Mitlaute).

a Schreibe die Wörter in diesen Formen in dein Heft.

klappern / wollen / bellen / hämmern / schnattern

klappern – Gestern klapperte sie. – Sie hat geklappert.
wollen – Gestern wollte ...

b Markiere die doppelten Konsonanten (Mitlaute) farbig.

3 Übe mit einem Dosendiktat.

a Schreibe die Sätze auf ein Blatt Papier.

1 Wieso klappern Klapperschlangen?

2 Das Klappern der Klapperschlange ist ein Warnsignal.

3 Sie klappert meistens, wenn sie gestört wird.

b Nun übe mit dem Dosendiktat:
- Lies den 1. Satz genau.
- Lege das Blatt in eine Dose.
- Schreibe den Satz auswendig in dein Heft.
- Dann folgt der nächste Satz.
- Vergleiche zum Schluss deine Sätze mit dem Text hier.

c Schreibe deine Fehlerwörter dreimal richtig in dein Heft.

d Markiere alle doppelten Konsonanten (Mitlaute) farbig.

Wörter mit s, ss, ß im Wortstamm

Wörter mit **s**, **ss** oder **ß** **im Wortstamm haben** auch in allen stammverwandten Wörtern ein **s**, **ss** oder **ß**.
Beispiele: sie liest, er las / das Wasser, wässrig / wir grüßen, sie grüßt, der Gruß
Manchmal wechseln **ss** und **ß** nach folgender Regel:
Nach kurzem Vokal (Selbstlaut) schreibt man **ss.**
Beispiel: wir essen / er schloss / der Biss
Nach langem Vokal (Selbstlaut) oder **Zwielaut** (ei, ie) schreibt man **ß.**
Beispiele: er aß / wir schließen / sie beißen

1 **Kurzer** oder **langer Vokal** (Selbstlaut) im Wortstamm? Trage ein.

der Rasen: *lang* / groß: ______ / der Spaß: ______ / der Fluss: ______

der Fuß: ______ / der Schluss: ______ / die Straße: ______

2 Markiere die Zwielaute **ie** und **ei.**

weiß / beißen / schließlich / heißen / schließen / reißen

3 Stammverwandte Wörter schreibt man oft gleich.

a Trage **s**, **ss** oder **ß** ein.

der Fluss – die Flüsse – das Flu______pferd

der Fuß – die Fü______e – der Fu______ball

der Rasen – der Fußballra______en – der Ra______ensprenger

die Straße – die Einkaufsstra______e – die Hauptstra______e

der Schluss – der Schulschlu______ – der Filmschlu______

b Markiere **s** mit einer Farbe, **ss** mit einer anderen Farbe und **ß** mit einer dritten Farbe.

4 Schreibe die Lückenwörter richtig. Setze **s, ss** oder **ß** ein.

Oft gehe ich mit meinem Hund am Flu______
auf dem Ra______en spazieren. Mein Hund hei______t Rex
und hat ein gro______es, wei______es Gebi______.
Aber er bei______t nur in Fu______bälle.
Sobald er einen Ball sieht, rei______t er mich mit der Leine
beinahe von den Fü______en.
Dann rufe ich laut: „Schlu______!"
So wei______ er, dass das kein Spa______ mehr ist.

Tipp
Die Wörter aus den Aufgaben 1 bis 3 helfen dir.

Wörter mit b, d, g am Stammende

Am Wortende werden **b, d, g** oft wie **p, t, k** gesprochen.
Die **Verlängerungsprobe** hilft bei der Entscheidung.
Verlängere die Wörter. Dann hörst du, welchen Buchstaben du schreiben musst.
- Verben (Tätigkeitswörter): **Infinitiv** (Grundform): schrau(b/p)t – schrau**b**en
- Adjektive (Eigenschaftswörter): **Steigerungsform:** klu(g/k) – klü**g**er
- Nomen/Substantive: **Plural** (Mehrzahl): die Han(d/t) – die Hän**d**e

1 Wende die **Verlängerungsprobe** an.

a Schreibe die verlängerten Wörter dazu.

b Schreibe die fehlenden Buchstaben **b, d, g** oder **p, t, k** richtig in die Lücken.

das Fahrzeu___ (g/k) *die Fahrzeuge*

das Gel___ (d/t) *die* ___

der Stif___ (d/t) ___

der Schran___ (g/k) ___

der Die___ (b/p) ___

star___ (g/k)	*stärker*	er glau___t (b/p)	*glauben*
klu___ (g/k)	___	sie schrau___t (b/p)	___
bun___ (d/t)	___	er tan___t (g/k)	___

Am Wortende werden **b, d, g** oft wie **p, t, k** gesprochen.
Auch die **Verwandtschaftsprobe** hilft bei der Entscheidung.
Wörter mit **b, d, g** am Stammende werden in allen verwandten Wörtern auch mit **b, d, g** geschrieben.
Beispiel: die Han**d**, han**d**lich, der Han**d**schuh

2 Wende die **Verwandtschaftsprobe** an.

a Verbinde die Wörter in der oberen Reihe mit den verwandten Wörtern.

b Schreibe die fehlenden Buchstaben in die Lücken.

schä___lich / frie___lich / er glau*b*t / sie schrau___t / län___lich / die Verbin___ung

der Glaube / der Schaden / die Länder / wir verbinden / der Frieden / die Schraube

Gleich und ähnlich klingende Stammvokale

ä und **e** oder **äu** und **eu** klingen in vielen Wörtern ähnlich.
Um herauszufinden, ob ein Wort mit **ä** oder **äu** geschrieben wird, mache die **Verwandtschaftsprobe.** Prüfe, ob es ein stammverwandtes Wort mit **a** oder **au** gibt.
Beispiele: die St___rke – stark – die Stärke, bl___lich – blau – bläulich
Wenn es **kein stammverwandtes Wort** mit **a** oder **au** gibt, schreibe **e** oder **eu.**
Beispiele: das L___ben – das Leben, die L___te – Leute

1 Setze in die Lücken **ä** oder **e** ein.
- Suche das verwandte Wort mit **a.**
- Gibt es keins, mache einen Strich und setze ein **e** ein.

die M___rtel → der ______________________

er gr___bt → wir ______________________

gef___hrlich → die ______________________

der B___cher → ______________________

die Schw___ster → ______________________

2 Setze **ä** oder **e** richtig ein. Mache die Verwandtschaftsprobe.

Ich bin ziemlich erk___ltet. Ich habe kr___ftigen Husten.

Ich muss t___glich Medizin nehmen. Ich d___cke mich gut zu.

Heute kann ich wieder l___cheln. Es geht mir b___sser.

Tipp
Verwandte Wörter:
kalt / die Kraft /
die Tage / die Decke /
lachen / besser

Bei diesen Wörtern gibt es **kein verwandtes Wort** mit **a.**
Sie werden trotzdem mit **ä** geschrieben.
Merke sie dir: der Bär, das Geländer, das Geschäft, der Käse, der Lärm, das Mädchen, das Märchen, der März, die Säge, die Träne, ärgern, spät.

3 Schreibe ein Dosendiktat.

a Markiere im Text zuerst alle ä farbig.

b Lies die vollständige Aufgabenstellung auf der Seite 86, Aufgabe 3 a bis c.

Der Bär wacht spät im März auf. Er frisst dann gerne Käse und macht dabei Lärm.

Er kauft den Käse im Geschäft. Und das Mädchen im Geschäft ärgert sich.

Aber es stimmt alles nicht, denn es ist nur ein Märchen.

Großschreibung und Kleinschreibung

Die Schreibung von Eigennamen

1 Übe die Schreibung von Eigennamen.

a Lies den Text.

Das Internationale Olympische Komitee (IOC) wählt alle vier Jahre die Austragungsorte für die Olympischen Spiele aus. Deutsche Sportler haben schon viele olympische Medaillen errungen und damit höchste internationale Anerkennung erzielt. Als erfolgreichste deutsche Sportlerin bei Olympia gilt die Kanu-Fahrerin Birgit Fischer aus Potsdam mit acht Goldmedaillen und vier Silbermedaillen.

Birgit Fischer

b Schreibe die markierten Wörter und Wortgruppen heraus.

c Vergleicht in Partnerarbeit ihre Großschreibung und Kleinschreibung. Lest dazu auch den Merkkasten.

> **Eigennamen** werden **immer großgeschrieben.**
> Es sind **einmalige** Personen, Veranstaltungen, Organisationen und Orte.
> Beispiele: Dirk Neumann, Bahnhofstraße, Sachsen-Anhalt, Potsdam, Europa
> **Besonderheit:** Auch die Adjektive (Eigenschaftswörter), Partizipien und Zahlwörter werden großgeschrieben, wenn sie zum Eigennamen gehören.
> **Beispiele:** Deutsches Rotes Kreuz, die Olympischen Spiele, die Vereinigten Staaten, Friedrich der Zweite

2 Schreibe **drei eigene Sätze** in dein Heft.

Verwende dafür **mindestens drei Eigennamen** aus dem Wortkasten.

Europa / Hauptstraße / Emil Werner / Schiefer Turm von Pisa / Dresden

3 Übe die Schreibung von Eigennamen.

a Lies den Text.

Die ersten Olympischen Spiele fanden 776 v. Chr.[1] in Olympia statt. Das ist eine griechische Stadt auf der Halbinsel Peloponnes. Der Sage nach gründete Herakles die Spiele zu Ehren des höchsten Gottes Zeus. An den ersten Spielen durften nur junge Athener teilnehmen. Zuerst bestanden die Spiele nur aus einem Stadionlauf. Später kamen immer mehr Sportarten dazu, zum Beispiel Faustkämpfe und Ringkämpfe und ein antiker Fünfkampf. 394 n. Chr.[1] wurden die Olympischen Spiele verboten. Denn der christliche Glaube wurde zur Staatsreligion im Römischen Reich. Erst 1894 kamen die Olympischen Spiele wieder ins Gespräch. Sie sollten junge Leute aus allen Nationen zusammenbringen. So wurde das erste Internationale Olympische Komitee (IOC) gegründet. Die ersten Olympischen Spiele der Neuzeit fanden 1896 in Athen statt.

[1] **v. Chr. (vor Christus), n. Chr. (nach Christus):** Die europäische Zeitrechnung bezieht sich auf die Geburt von Jesus Christus.

b Ordne die markierten Eigennamen richtig zu.
Schreibe sie auf die Linien.

die Orte:

die Personen:

die Veranstaltungen:

die Organisation:

Getrenntschreibung und Zusammenschreibung

Fest und unfest zusammengesetzte Verben

1 Übe die Schreibweise fest und unfest zusammengesetzter Verben.

a Schreibe den Infinitiv (die Grundform) hinter jeden Satz.

> **Tipp**
> Denke dir: „Ich will ..."
> So findest du den Infinitiv (die Grundform) leicht.

Ich atme ein. (Ich will) einatmen

Ich atme aus. (Ich will) ____________________

Ich gehe vorwärts. ____________________

Sie geht mit. ____________________

Ich unternehme etwas. ____________________

Er fordert mich heraus. ____________________

Sie untersucht dich. ____________________

b Markiere die fest zusammengesetzten Verben mit einer Farbe.
Sie bestehen **immer** nur aus **einem Wort.**

c Markiere die unfest zusammengesetzten Verben mit einer anderen Farbe.
Sie bestehen aus **zwei Wörtern**, nur in der Grundform aus einem.

2 Fest oder unfest zusammengesetzt?

a Verbinde die Wortpaare.

einschlafen / anbringen / anmelden / überspringen
ich schlafe ein / ich überspringe / ich bringe an / ich melde an

unterhalten / ausgehen / abschreiben / untersuchen
ich untersuche / ich gehe aus / ich unterhalte / ich schreibe ab

b Markiere die fest zusammengesetzten Verben mit einer Farbe und die unfest zusammengesetzten Verben mit einer anderen Farbe.

Fremdwörter

Wörter aus anderen Sprachen sind eine wertvolle Bereicherung
für die deutsche Sprache.
Man sollte aber nur die **Fremdwörter** verwenden, die man genau kennt.

1 Lerne Fremdwörter kennen.

a Schlage die Fremdwörter in einem Wörterbuch nach.

b Welche Erklärung ist richtig? Verbinde.

glasieren	**A**	kurz mit Wasser abbrühen
	B	in einem Glas zubereiten
	C	mit einer Glasur überziehen
blanchieren	**A**	in einem blank geputzten Topf zubereiten
	B	ohne Haut braten
	C	kurz in kochendes Wasser eintauchen
gratinieren	**A**	mit Ei, Sahne oder Käse überbacken
	B	mit Garantie auf Geschmack kochen
	C	für kurze Zeit in Eiswasser legen

2 Kennt ihr diese Wörter?

a Markiert die Fremdwörter, die ihr kennt.

b Erklärt euch gegenseitig möglichst viele der Wörter.

c Schlagt die Wörter im Wörterbuch nach, die ihr nicht kennt.

1 speziell
2 aktiv
3 der Fotograf
4 das Telefon
5 die Fantasie
6 der Transport
7 der Asphalt
8 das Interesse
9 der Friseur
10 das Handy
11 die Frisur
12 die Kontrolle
13 der Automat
14 die Dressur
15 das Baby

Teste dich selbst!

1 Ordne die folgenden acht Wörter nach dem Alphabet.
Schreibe sie in alphabetischer Reihenfolge auf.

Adjektiv / Computer / Programm / Software / Baby / Handy / Fabrik / Reaktion

2 Fest oder unfest zusammengesetzte Verben?

a Lies die Sätze.

1 Wir **übersetzen** den Brief aus London ins Deutsche.

2 Bei Regen **stellen** wir uns **unter.**

3 Ich **unterhalte** mich mit meinen Freunden.

4 Meine Wunde wird nun **untersucht.**

5 Ich **schreibe** den Aufsatz schon das dritte Mal **um.**

6 Sie **übergehen** meine Meinung einfach.

b Markiere die fest zusammengesetzten Verben mit einer Farbe.
Sie bestehen immer nur aus einem Wort.

c Markiere die unfest zusammengesetzten Verben mit einer anderen Farbe.
Sie bestehen aus zwei Wörtern.

3 Ergänze die **Verben** in den Sätzen.
Achte auf die richtige Schreibweise.

Tipp
Der Wortstamm bleibt gleich.

fehlen *Gestern* ____ *er.* *Er hat ge* ____.

sieben *Gestern* ____ *er.* *Er hat ge* ____.

kühlen *Gestern* ____ *er.* *Er hat ge* ____.

wohnen *Gestern* ____ *er.* *Er hat ge* ____.

4 Ergänze **i/I** oder **ie/Ie**.

der L___ter / der ___gel / die ___dee / der Vamp___r

5 Ergänze die **Verben** in den Sätzen.
Achte auf die richtige Schreibweise.

Tipp
Der Wortstamm bleibt gleich.

klappern Gestern ______ er. Er hat ge______.

bellen Gestern ______ er. Er hat ge______.

schnattern Gestern ______ er. Er hat ge______.

brummen Gestern ______ er. Er hat ge______.

6 Schreibe die **Pluralform** (Mehrzahl) auf.

Tipp
Wenn es ein stammverwandtes Wort mit **au** gibt, schreibt man **äu.**

der Zaun die ______

die Maus die ______

das Haus die ______

7 Suche die **Eigennamen** heraus. Sie werden großgeschrieben.
Streiche das falsche Wort durch.

1 die olympischen / Olympischen Spiele
2 athen / Athen
3 das hübsche / Hübsche Rathaus
4 europa / Europa
5 das römische / Römische Reich

8 Schreibe das fehlende **Fremdwort** auf.

1 das Fremdwort für Säugling: das B______
2 ein anderes Wort für tragbares Telefon: das ______
3 ein kleines Schwimmbad im Garten: der P______
4 das Gegenteil von aktiv: p______

Infinitiv (Grundform)	Präsens (Gegenwart)	Präteritum (Vergangenheit)	Perfekt (zweite Vergangenheit)
bitten	du bittest	sie bat	sie hat gebeten
bleiben	du bleibst	er blieb	er ist geblieben
bringen	du bringst	sie brachte	sie hat gebracht
dürfen	du darfst	er durfte	er hat gedurft
essen	du isst	sie aß	sie hat gegessen
fahren	du fährst	er fuhr	er ist gefahren
fallen	du fällst	sie fiel	sie ist gefallen
fliehen	du fliehst	er floh	er ist geflohen
fließen	es fließt	es floss	es ist geflossen
gehen	du gehst	sie ging	sie ist gegangen
halten	du hältst	er hielt	er hat gehalten
heißen	du heißt	sie hieß	sie hat geheißen
helfen	du hilfst	er half	er hat geholfen
kommen	du kommst	sie kam	sie ist gekommen
laufen	du läufst	er lief	er ist gelaufen
lesen	du liest	sie las	sie hat gelesen
mögen	du magst	er mochte	er hat gemocht
nehmen	du nimmst	sie nahm	sie hat genommen
rufen	du rufst	er rief	er hat gerufen
schlafen	du schläfst	sie schlief	sie hat geschlafen
sehen	du siehst	er sah	er hat gesehen
sein	du bist	sie war	sie ist gewesen
singen	du singst	er sang	er hat gesungen
sitzen	du sitzt	sie saß	sie hat gesessen
sprechen	du sprichst	er sprach	er hat gesprochen
stehen	du stehst	sie stand	sie hat gestanden
treffen	du triffst	er traf	er hat getroffen
tun	du tust	sie tat	sie hat getan
werden	du wirst	er wurde	er ist geworden
wissen	du weißt	sie wusste	sie hat gewusst